クラス全員が
必ず書ける
ようになる!

# 新しい短作文指導のモデルプラン

変容・引用・反論の三つの原理だけでできる作文指導

原田義則 編著
鹿児島国語教育研究会 原国会 著



明治図書

# はじめに

本書を企画する上で、大きく二つのことを意識しました。

第一に、現在の学習指導要領が改訂される、十年後の教育の在り方です。ＯＥＣＤ（経済協力開発機構）のEducation2030を読みますと、その目標が単に経済的成長を目指すのではなく、個人及び社会において心身共に幸せな状態（ウェルビーイング）を作り出すことであるとしています。そして、Volatility（変動性）、Uncertainty（不確実性）、Complexity（複雑性）、Ambiguity（曖昧性）の時代（ＶＵＣＡ）において変革をもたらすキーコンピテンシー（知識、スキル、態度及び価値観等の領域から構成される個人の能力）を、「新たな価値を創造する力」「対立やジレンマに対処する力」「責任ある行動をとる力」としました。本報告の注目点として、三つの力を育成するには、見通し（Anticipation）、行動（Action）、振り返り（Reflection）から成るＡＡＲサイクルと呼ばれる学習プロセスが重要だとする点です。これは教師側が意図するだけでなく、学習者自身も意識することが大切であり、さらに仲間や教師、家族、そしてコミュニティとの相互作用の中で学び続けることが必要だとしています。

この概念は、平成二十九年告示の学習指導要領と基本的な考え方が合致していることが分かります。すなわち、国語科の授業の在り方も、見通し・言語活動・振り返りの過程を基本とすることが再確認できます。「書くこと」の学習に引き寄せると、完成に至るまでの過程を見通し、主体的に記述し、他者と協働して推敲・共有を行い、手応えを感じる授業像が浮かびます。

しかし、この授業を実現するにあたり、第二の留意点である「書くこと」のカリキュラムの問題があります。時間や実態との不一致による「カリキュラム・オーバーロード」と呼ばれる現象を起こしては本末転倒です。例えば、現場教師の悩みとして、最近よく聞こえてくることに英語教育やプログラミング教育の問題があります。曰く、その重要性を否定するつもりはないが、環境や時間、指導法が整理されていないと言うのです。このままでは、「意図されたカリキュラム」は負担でしかなく、形骸化しかねません。ご承知の通り、「書くこと」の授業は学習者の個人差が大きく、最も難しい授業の一つだと言えるでしょう。学校現場からは、子供たちが最後まで書き終えることができなかったり、表記面だけの相互評価を延々と繰り返したりするだけで、学習者・授業者の双方にとって消化不良の授業になってしまうという声が聞こえてきます。

そこで、本書を刊行するにあたり、現場教員と徹底的に話し合い、特に次の三点に留意することとしました。

①クラス全員が時間内に書き終わり、相互評価までできる指導プランであること。
②特別な時間を設けるのではなく、毎日の授業と対応しているプランであること。
③あれもこれもではなく、書く活動の根幹となる原理（ポイント）が明確であること。

本書が、毎日の「書くこと」の学習の一助になれば幸いです。

原田　義則

# 目次

# 第2章　新しい短作文のモデルプラン45

# 第1章

# 「書くことの意欲」を高めるために

## 1　情緒力、論理的思考力、語彙力を統合する新しい短作文指導

　はじめに我が国における短作文指導の歴史的経緯を概観しておきましょう。短作文は、藤原与一氏が児童生徒の「負担感が小さいもの」として、『国語教育の技術と精神』（新光閣書店、一九六五）において提唱し、大西道雄氏の『短作文の授業』（国土社、一九九一）等により国語教育界に広がりました。その特徴は「短作文」の名称の通り、少ない字数や取り立て指導にありました。

　それに対し大内善一氏は『国語教育の再生と創造―21世紀へ発信する17の提言―』（教育出版、一九九六）の中で懸念を示し、『思考を鍛える作文授業づくり』（明治図書、一九九四）では、「説得」の技術による論理的な表現を提唱しました。一方、学校現場では、短作文指導＝ネタの重視という勘違いがあり、「書くことの力」との関係性を見出せないという状況も見られました。

　その典型的な例として、私自身の苦い体験を紹介しましょう。当時、職員数が六十人を超える大規模校の国語主任でした。一九九〇年代の短作文ブームに乗り「短作文タイム」を特設し、全校児童にワークシートを配布して取り組ませました。しかし、自校ばかりか、一緒に取り組んだ隣接小学校においてもその成果が見えず、わずか一年で「読書タイム」に変更せざるを得ませんでした。原因は「これからの時代に求められる国語力について」（文化審議会答申、平成十六年二月三日）(1)で示されたような全体像が描けていなかった点にあります。しかし、若かった私は十分な検証をしないまま、また高度情報化やグローバル化の波の中で短作文に関する出版物が消えていく中、いつしか短作文に関する興味も失っていきました。

　しかし、現在の各種学力調査は、低・中学年における「気持ちや性格を表す語彙」（情緒力）の不足や、高学年「事実と意見の区別、違う立場から考えること」（論理的思考力）の向上の必要性を指摘しています。同時に、「主体的に学習に取り組む態度」として、自らの学習調整能力と粘り強さも求められています。これにより「書くこと」の学習においても、「記述」に時間をかけていた指導から、「推敲」と「共有」の一層の充実が求められていることが分かります。つまり、限られた時間数の中で児童が短時間で書き上げ、推敲し、他者と共有できる作文指導が再び求められているのです。しかし、前回と同じ失敗を繰り返すわけにはいきません。自分の心情を表す語彙を通した情緒力の育成や、体験や事実を論理的に記述することを一体化した「新しい短作文指導」が必要です。では、その学習過程で必要なポイントは何か。本書

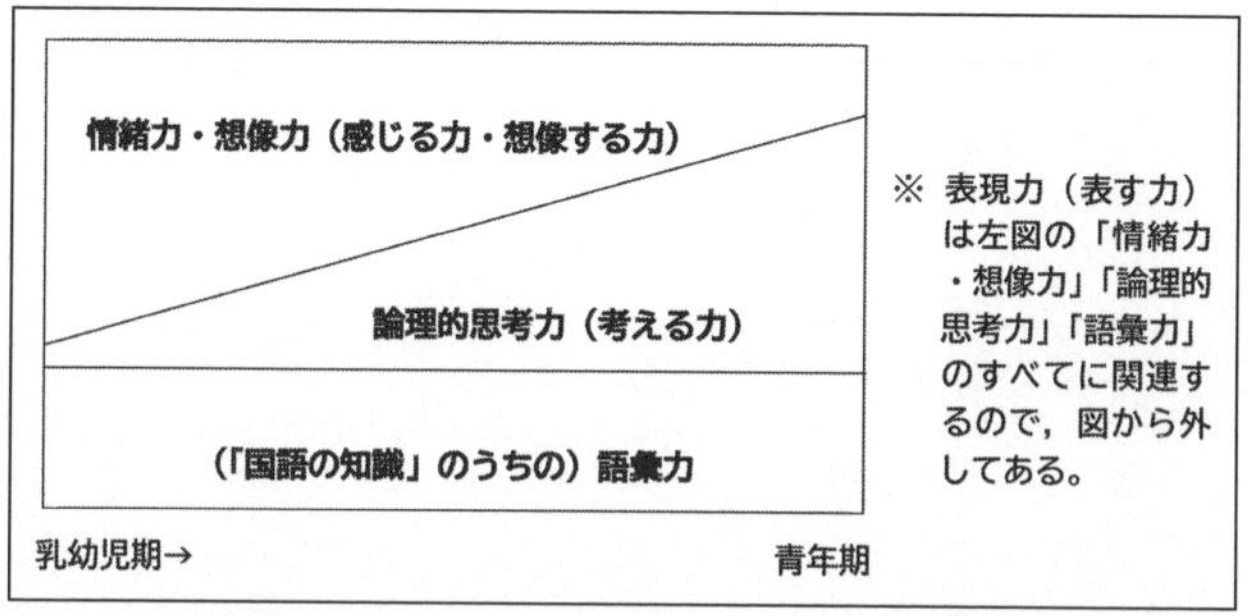


図１　発達段階に応じた「国語教育における重点の置き方」のイメージ図

では、「読み手意識」に加えて、「変容」「引用」「反論」の視点から「書くこと」の学習過程をデザインすることが必要であるという立場をとっています。以下、順を追って紹介します。

## 2 「読み手」意識の明確化─昭和三〇年代～平成元年度児童作文の分析─

これまで数多くの先行文献が、児童の生活文を対象にした分析考察を提示しています。その学恩に感謝しつつ、本節ではこれまであまり目が向けられてこなかった離島僻地の小学校作文一七一九点を分析・考察した結果を紹介しましょう。

今回対象とした地域は、鹿児島県です。鹿児島県は、原田（二〇一五、二〇一六、二〇一七）(2)で明らかにしたように「南方綴方」発祥の地であり、生活文を重視してきた歴史があります。また、今なお鹿児島県教育委員会主催の生活文コンクールが実施され、毎年、全小中学校が参加するという伝統が残っています。したがって、かつては各学校や地域の図書館等には、文集等が数多く保管され活用されていました。ところが近年、学校統廃合校や教員の世代交代が進み、保管されていたはずの文集等が廃棄され始めています。その点、離島にはまだ児童作品が残されており、貴重な資料として活用できます。昭和二十八年十二月二十五日「日本」に復帰した、奄美群島の子供たちは、学習指導要領の改訂や鹿児島県本土からの影響を受けつつ、どのような作文を綴ってきたのか。地理的に限られた文化圏の中で子供たちは、何を考え、何を見つめてきたのか。興味が尽きないところですが、奄美群島の作文指導に関する学術的研究については、これまであまり進められてきていません。

本稿では、昭和三〇年代以降の離島の作文について紹介をしますが、多面的な考察や分析は、紙幅の関係上割愛します。ここでは「読み手意識」に視点を置いた分析結果を紹介します。

### (1) 生活文と「読み手」意識

まず、小学校段階の生活文の特徴について確認します。川上（一九八二）(3)は、「児童の生活を表現した文章」「特になまの具体的な生活を文に書かせることを大事にしていこうとする考え方がこの言葉＝生活文を生んだ」「ありのままで真実を描くことが要求され」「過去の生活の中から問題点を摘出し、生活改善の方向性が問われ」「過去形の『した』『ました』の文末表現が多くなる」と説明しています。一方、田中（二〇一八）(4)は、「自分がしたことや目にしたり耳にしたりしたことなどにもとづいて自分が感じたことや思ったことを記した文章」と説明します。すなわち生活文は、児童の生活が題材であることは変わらないものの、生活綴方で提唱された「ありのまま・生活改善」という意味は薄れ、文種の一つとしてとらえられていることが分かります。本稿では、後者の立場をとります。

さらにその特徴を明確にするために、意見文と比較しましょう。意見文とは、大西（一九九〇、二〇一八）(5)(6)に拠れば「問題を解決・克服するにあたって、判断・行動の規準・根拠とするために形成した理念」であり、文型として「感想型意見」「思索型意見」「解決型意見」

を挙げています。

・「感想型意見」……いわゆる「感想」を述べたもの。意見としては熟していない段階。

・「思索型意見」……疑問や問題について考察したもの。主体の行動は「内」に向かう。

・「解決型意見」……疑問や問題について考察したもの。主体の行動は「外」に向かう。

また井上（一九九八）[7]に拠れば、論理性を確保した言語教育では以下のポイントがあります。

・語のレベル……抽象と具体の関係、重要語（キーワード）、論理関係を示す語（接続語）、語の意味（文脈上の意味・比喩・象徴）の明確化

・文のレベル……主述の対応、修飾語の機能化、文末表現（事実・説明・強調・感動・推論・断定）、文意（AはBである、「全て」と「ある」の相違）の明確化

・文章のレベル……論証の型（演繹、帰納、三角ロジック、トゥールミンモデル等）の明確化

すなわち、論理的叙述を必要とする文章とは問題解決に向かう文章であり、特有の型を有しています。またそれに伴い、結論へと導く接続語・文末表現の使用も必要です。

さらに学習指導要領上における、作文や「書くこと」の扱い方の変遷も確認しておきましょう。（次ページ表1）

昭和二十二年版から平成二十九年版の学習指導要領における「作文」を概観しますと、身の回りの事象を対象とした生活文だけでなく、実社会で用いられる報告文や記録文等を含むようになることで、「作文」の意味は改訂のたびに拡大していきます。それは、領域名を表す「作文」→「表現」→「書くこと」という言葉の変遷に象徴されているでしょう。

また、作文で培われる能力が「自分の考えを深める」であったのが、昭和五十二年版からは「相手に伝えること」に重点が移り、これ以降は高学年以上から「事象と感想、意見などとを区別して文章に書き表そうとすること」や、文章だけでなく「図表やグラフなどを用いて書くこと」も新たに加わっています。さらに「文章で表された情報を的確に理解し、自分の考えの形成に生かしていけるようにすることは喫緊の課題である」（中教審答申、平成二十八年十二月二十一日）として、平成二十九年版には「情報の扱い方に関する事項」が新設され、情報の結びつけ方に留意して、論理的に思考・表現する力が求められています。すなわち、作文は個人の認識思考を深める言語活動から、実社会におけるコミュニケーションの方法としても重視されてきたと考えられます。特に、今次の学習指導要領では、異なる立場の相手を意識することが記されています。平成二十九年版で生活文が外されたことを考えますと、実用的文章を特徴づけるものとして相手意識は外せません。解説では次のように示されています。

> 相手や目的を意識してとは、題材を設定したり情報を収集したりする際に、不特定多数の人に対して文章を書くのか、特定の人に対して文章を書くのか、何のために書くのか、読み手はどのようなことを知りたいのかなど、文章を書く相手や目的を念頭に置くことである。

すなわち、今次の学習指導要領では、相手を意識して、論理的思考・表現を必要とする意見

文・説明文等を書く活動が重視されています。筆者の小学校勤務経験を振り返りますと、確かに生活文では「不特定の相手」に書くことが多かったと思います。だからといって、「読み手」意識をないがしろにしてはいないし、むしろ自分の生活経験を理解してもらう上で、「特定・不特定」にかかわらず、十分に「読み手」意識を働かせて書くように指導してきたように思えるのです。つまり、実社会におけるコミュニケーションのツールは意見文や報告文だけでなく、生活文もコミュニケーションツールなのではないでしょうか。

### 表１　国語科学習指導要領の変遷と作文・「書くことの内容」

| | |
|---|---|
| ①昭和22年12月20日（試案） | ・「作文」が「書くこと」（書写等を含む）から独立して設定。<br>・第６学年までに，「日常を題材とした作文」「人物を主題とした作文」「教科の感想作文」「読書感想文」「意見文」「話しあいの速記」「教師の講話の要点筆記」「作文を編集した学級雑誌」「新聞」「手紙」「会合の招待文」「病欠の友人への見舞文」「見学の申込文」「学校新聞の原稿依頼文」「お礼文」「生活日記」「旅行日記」「観察・飼育・調査日記」「口頭作文」などの経験。 |
| ②昭和26年12月15日（試案） | ・「作文」が「書くこと」の中に特設。<br>・第６学年までに，S22年版と比較して「映画・演劇・放送などについて感想や意見を書くこと」「読んだ本について紹介・鑑賞・批評の文を書くこと」「自分の生活を反省し，文を書くことによって思索すること」など，対象や書き手の立場が詳細になった。 |
| ③昭和33年10月１日（小学校実施S36）教育課程の基準としての性格の明確化（道徳の時間の新設，基礎学力の充実，科学技術教育の向上等）（系統的な学習を重視） | ・「作文」は単独で扱われておらず，これ以降の学習指導要領でも「書くこと」に包含されていく。<br>・①②の試案編を引き継ぎつつ，系統性も重視されている。活動としては，「抜書き」「要約」「詩などを書く」「物語などを脚本に書きかえる」などの活動も加えられている。 |
| ④昭和43年７月（小学校実施S46）<br>教育内容の一層の向上（「教育内容の現代化」）（時代の進展に対応した教育内容の導入） | ・全体的な内容は，S33年版を踏襲。指導事項として「文章を書くことによって自分の考えを深めること」「必要な事がらを落とさずに文章に書き，生活や学習に役だてること」も踏襲。文種としては，観察したことや学級などのできごとを書く，手紙を書く，読書の感想を書く，想像したことや感動を書く，できごとについて書く，記録を書くなどが示された。<br>・作文に充てる時間が明示され，「実際に文章を書く機会をなるべく多くするようにすること」と明記。以降，引き継がれていく。 |
| ⑤昭和52年７月（小学校実施S55）<br>ゆとりある充実した学校生活の実現＝学習負担の適正化（各教科等の目標・内容を中核的事項にしぼる） | ・「言語事項」「表現」「理解」の三領域に編成され，「作文」は「表現」の中に包含。「表現」の指導事項に，「文章に書いてみることによって，自分の考えを明確にすること」「必要な事柄を観点ごとに整理して文章を書くことによって，生活や学習に役立てるようにすること」「根拠を明らかにし，それに基づいて自分の意見や主張を述べること」「目的に応じて，事象と感想，意見などとを区別して文章に書き表すこと」と明記。<br>・「指導計画の作成と各学年にわたる内容の取扱い」においては「文章による表現の基礎的な能力を養うとともに，思考力を高めることに重点を置くこと」が明記。また，「作文を主とする指導については（中略）実際に文章を書く機会をなるべく多くするようにすること」もS43年版を引き継いでいる。 |
| ⑥平成元年（小学校実施H４）<br>社会の変化に自ら対応できる心豊かな人間の育成（生活科の新設，道徳教育の充実） | ・S52年版を踏襲し，三領域で構成。作文は「表現」の内容に含まれる。なお「事象と感想，意見などとを区別して文章に書き表そうとすること」も引き継いでいる。<br>・作文の指導については，「文章による表現の基礎的な能力を養うことに重点を置くこと」「実際に文章を書く活動をなるべく多くしたり特に取り上げて指導したりすること」となっている。 |
| ⑦平成10年（小学校実施H14）<br>基礎・基本を確実に身に付けさせ，自ら学び自ら考える力などの［生きる力］の育成（教育内容の厳選，「総合的な学習の時間」の新設） | ・領域が「書くこと」に戻り，「作文」から「文章を書くことを主とする指導」に表記が変わった。<br>・指導事項も「自分の考えを効果的に書く」「自分の考えを明確に表現するため……」「事象と感想，意見などとを区別する」等，「自分の考え」を相手に伝えるために文章を書くことが中心になっている。 |
| ⑧平成20年（小学校実施H23）<br>「生きる力」の育成，基礎的・基本的な知識・技能の習得，思考力・判断力・表現力等の育成のバランス（授業時数の増，小学校外国語活動の導入） | ・H10年版を踏襲しており，「書くこと」では「自分の考えを……」「事実と感想，意見などとを区別する」の表記がある。<br>・PISA型読解力を踏まえ「図表やグラフなどを用いたりして，自分の考えが伝わるように書く」という文言が加わっている。 |
| ⑨平成29年（小学校実施R２）<br>「資質・能力」の育成，「主体的・対話的で深い学び」「社会に開かれた教育課程」「カリキュラム・マネジメント」 | ・資質・能力の三要素で再編成され，「書くこと」は「思考力・判断力・表現力」の領域に置かれた。<br>・また，「知識・技能」領域には，「情報の扱い方に関する事項」が新設され，「書くこと」の学習においても「情報と情報との関係」「情報の整理」に関する事項が重視されている。<br>・具体的な指導内容としては，「感じたことや考えたことを書く」「事実と感想，意見とを区別して書く」「図表やグラフなどを用いたりして，自分の考えを書く」等が明記されている。<br>・また，事実が生起した背景や原因，経過などを整理して解説する文章を書いたり，自分の考えを，異なる立場の読み手に向けて主張する文章，提案する文章，推薦する文章などを書くことが挙げられている。<br>・「知識・技能」に「情報の扱い方に関する事項」が新設された。背景として「文章で表された情報を的確に理解し，自分の考えの形成に生かしていけるようにすることは喫緊の課題である」としている。<br>・その構成は，「ア　情報と情報との関係」「イ　情報の整理」の二つの内容で構成され系統的に示されている。具体的には，「ア　考えとそれを支える理由や事例，全体と中心など情報と情報との関係について理解すること」（小学校３・４年）や「ア　原因と結果など情報と情報との関係について理解すること」（小学校５・６年）などである。 |

では、子供たちの実際の作文はどうでしょうか。生活文の特徴及び分析観点を表２・３にまとめました。次項からは離島の児童作品を「読み手意識」の視点から考察してみましょう。

## (2)「相手意識」と主題の明確化

まず、昭和三十六年に書かれた、鹿児島県離島のＹ町文集に掲載された小三児童作文を紹介します。（記号・傍線・注釈は稿者）

> (A) かわれていくぶた
>
> 学校から、かえってきて、ひるめしをたべて、あそんでいると、四人いらっしゃった。いそいで、お父さんの所にいってしらせた。家のそばまでくると色の青いトラックが早くから来てまっていた。トラックにはぶたが三とういた。うんてんしゅさんはうんてい台にのっていらっしゃった。トラックに、のっているぶたは、みんな、せなかがくろで、おなかのところは毛がなかった。おとうさんが牛をつれて、牛ごやにつないでからおもてにいらっしゃってすわった。そしたらぶたかいのふたりのひとがすわった。ほかの一人はすなの上にすわっていらっしゃった。しばらくしてぶたごやにいった。はりがねをまるくしてぶたの口にあててひっぱったらぶたがやかましくないた十一とうのぶたがおどろいてないた。おどろいて、にげようとするぶたをきびって（注：「しばって」の意味）はかるのだったなわをはかりに、かけるとたんに、ぶたがにげて、家のまわりをまわった。家のにわで、やっとつかまった。こんどはかるときは、なかなかった。トラックにのせる時、となりのねえさんと声をそろえて、さようならといったら、ぶたもわかったように「ブー」とないた。そしてトラックがうごきだしました。
>
> ぶたをのせたトラックはだんだん見えなくなっていったあのぶたが、たびにいく（注：「本州へ行く」という意味）のだろうと思うと(B)かなしかった。

本作品の特徴を列挙します。

・相手は不特定。また、読み手が分かりやすい表現上の工夫も確認できない。すなわち、自

**表2　生活文の特徴**

| 文種 | 目的 | 相手 | 言語事項 |
|---|---|---|---|
| 生活文 | 生活経験の中で得られた感情・考えの変容 | 不特定の相手 | 状況の再現を行う比喩・会話文等の工夫 |
| 論理的文章（意見文等） | 問題解決に向かう論証 | 反対の立場など，特定の相手 | 説明・説得に導く接続語・文末表現の工夫 |

**表3　分析の観点**

| 分析の観点 | 生活文の特徴 | 意見文の特徴 |
|---|---|---|
| ①文章の相手・目的 | ・自分自身の経験や感情を一人称で現実の不特定の相手に語っている。<br>・疑問や問題の考察ではなく，自分にとって印象深い出来事を述べること自体が目的となっている。 | ・自分自身を含む特定の相手であったり，不特定多数であっても「学校に対して」「社会に対して」であったりするなど，意見を伝えたい相手は明確になっている。<br>・生活の中で解決したい疑問や問題について考察し，その結果を述べることを目的とする。 |
| ②使用語句 | ・接続語の使用にはこだわらず，省略される場合が多い。<br>・場面の様子を描写する会話文，比喩等の技法が用いられる。<br>・文末は，過去形が多くなる。 | ・各段落の書き出しに，適切な接続語が使用されている。<br>・文末は，述べている内容が事実「…である」，理由「…だから」，意見「…と思う」等に書き分けられる。 |
| ③文章の型 | ・三段落構成，起承転結構成が多い。<br>・文章中には，事件推移や書き手の心情変化が語られる。<br>・「感想型」「事実列挙型」が多い。 | ・事実・体験，理由・判断，主張・意見の三要素が含まれる。<br>・頭括・尾括・双括の構成。<br>・「思索・説明型」「問題解決型」が多い。 |

分にとって印象深い出来事を述べること自体が目的となっている。
・人物の行動描写を通して「豚が買われていく」様子が書かれている。
・書き手の感情は、（B）「かなしかった」のみに止まっている。
・題名と（B）「かなしかった」との整合は一見とれているように思われる。しかし、書き手の家業が養豚業であれば、島外に買われていくことは、むしろ喜ばしいことであり、なぜ「悲しい」としたのかが分からない。
・豚がトラックに積まれる→トラックが見えなくなる→自分の気持ち　の三段落構成だが、ほぼ最初の段落が占めており、段落意識はない。よって、段落の書き出しに接続語はない。
・出来事を思い出して、そのまま書いているため、文末は全て過去形である。
・最後の段落に書き手の感情が書かれているが、ほぼ業者・父親・豚の行動が書かれており、文集の型は、事実列挙・感想型だと言える。

本作品が掲載された昭和三十六年当時は、昭和二十六年（試案）を踏襲した昭和三十三年版学習指導要領の影響下にあったと考えられます。すなわち、当時の作文教育の眼目は「自分の生活を反省し、文を書くことによって思索すること」でした。「かわれていくぶた」は、不特定の相手に向けて生活の一場面を切り取り、読み手を意識しないままに書かれた生活文だと思われます。まさに自分の「ありのまま」を引用した作文だと判断できます。

では、昭和三十六年以降の児童作文はどのように変化したのでしょうか。昭和五十一年に発行された同文集から、同じく小三児童作文を紹介します。

（C）お手玉づくり

（D）夏休みのある日、おかあさんが、「お手玉を作ってあげようね」とおっしゃって、さいほうばことあずきを出しました。妹と弟は、「わあい。」と手をたたいてよろこびました。わたしは、どんなふうにして作るのかなと思って、楽しみでした。（中略：この後、弟妹とのうれしい様子を表した会話文が続く）

（E）おかあさんは、きれをうら返してそこと横の方をぬいました。そしてこの糸をギューッとひっぱって、ぐるぐるとむすびます。こんどは、表に返してあいている口の上の方をぬってから、両はしの糸は小さいおだんごみたいにむすびます。こうしてできあがったふくろに、わたしたちはあずきを入れました。わたしは、手をすこしくぼめて（原文ママ）あずきを入れました。ふくろに入れるときに、ザーッと一ぺんにあずきを落とすとこぼれてしまうので、少しずつ入れていきました。（中略：この後、あずきの入れ方の説明が続く）

ふくろいっぱいになったとき、「これぐらいでいいの。」とたずねると、おかあさんが、「それよりちょっと少ない方がいいよ。」と教えてくださいましたので、半分にへらしました。あずきを入れおわると、おかあさんはふくろの口の糸をそうっとひっぱりました。こまかいひだがきれいによって口がしっかりしまりました。これでできあがりです。

もう少し大きくなったら、おかあさんにお手玉の作り方をおしえてもらって、自分で作りたいなと思いました。

「かわれていくぶた」は、事実描写＋気持ちの繰り返しで構成されていました。「ありのまま書く」という生活綴方の流れを汲むものです。ところが「お手玉づくり」では、様子が違います。書き手の目的は、Cの題名からも分かるように「お手玉の作り方を読み手に説明したい」ということにあります。したがって、E以降に見られるように、お手玉の作成過程に焦点が当てられて説明口調になり、文末には現在形が混じります。ところが全くの説明文とは違い、D以降に見られるように会話文や比喩表現なども盛り込まれています。このような作品は、昭和五十一年発行の文集から増え始めます。そこで、「かわれていくぶた」のような従来の生活文をカウントすると次のような結果でした。

・文集　第一集（昭・四十五）～第十九集（平・一）（小三　七十作品中、生活文六十）
・文集　第六集（昭・五十一）～第十二集（昭・五十六）（小三　二十三作品中、生活文十六）
・文集　第十三集（昭・五十七）～第十九集（平・一）（小三　三十作品中、生活文二十七）

第一集（昭・四十五）～第十九集（平・一）の生活文は全七十作品中六十作品であり、約八割に上ります。しかし、第六集から第十二集に限ると、生活文は約七割に減少します。ここには、「お手玉づくり」のような生活文と報告・説明文が組み合わされた、複合された生活文が掲載されていました。

その理由を第六集から付され始めた教員の「審査概評」から推測できます。「審査概評」には、「各文種のバランスの取れた指導の必要性、現行学習指導要領では作文が強調され、日々の学習指導に次第に浸透してきた」（第六集六十五ページ）とあり、従来の生活文に報告や説明型の文章が組み込まれてきたと思われます。この根底には、生活綴方からの脱却を図るべく、多くの文種を「作文」として吸収し、その流れを踏襲してきた学習指導要領の影響が大きく、学校現場でも生活文から「作文」へと移行してきた結果だと考えられます。

しかし、第十三集以降は、従来の生活文が増加して、三十作品中二十七作品を占めています。これは、同文集の第十二集に「生活文の書き方」（同書五十ページ）が突如、登場したことが象徴しています。同書では生活文を「自分の生活を振り返って値打ちのあるものを書く、現在―過去―現在の構成、会話や心情描写を書く」と定義づけました。これは、昭和五十二年版（小学校実施昭和五十五年）で「作文」が「表現」の中に包含され、考えの明確化・根拠・意見や主張、というキーワードが明記されたことが影響したことも考えられます。この時代は、生活文が「作文」に吸収され、「作文」は「表現」に包含され、文種としては生活文よりも意見文・報告文等が重視されていった時代です。学校現場では、その反動もあり、生活文の範囲を従来の定義に戻すことによって、同文集では、かつての生活文が数多く掲載されるようになったと推測できます。

本稿で扱ったY町文集における昭和五〇年代当初の生活文は、「お手玉づくり」のように日常生活や学校生活の中で得られた経験を題材としつつ、多様な文種の書き方を取り入れていました。

その他にも、作品の前半は飼っていた生物の成長について接続語・文末表現を工夫して報告・説明をしつつ、作品後半では会話文・比喩表現を用いて主観的な表現をする作品などが見られました。つまり、「お手玉づくり」のように、不特定な相手であっても「読み手」を意識し、接続語・文末表現・比喩表現等をバランスよく用いて書かれている作品が多くなっていたのです。これは生活文においても「読み手」を意識させることで、「不特定・特定の相手」にかかわらず、論理的に書いたり、情緒的に「読み手」を意識して書いたりすることができることを示唆していると考えます。

「相手」意識ではなく、「読み手」意識をもつこと。本書では、作文指導をする上で、全ての学年に通底するポイントとしたいと思います。

## 3 「変容」がある作文―「わくわく作文塾」（平成十八年～現在）の実践―

多くの小中学校では、夏季休業中の課題として読書感想文や生活文が出されます。しかし、現在の国語教科書には読書感想文や生活文だけの単元は設けられていません。そのため、子供もどのように書いていいか分からない、教師も指導法が分からない、という困惑した事態が生まれているのではないでしょうか。若い教師からは、「夏季休業中における作文が毎年の親子喧嘩のタネになっているので課題から作文を削除してほしい」と言う保護者への答え方が分からない、という悩みを聞きます。加えて昨今のデジタル化への移行。義務教育の現場から、全国の国語教室から「記述する意味」が忘れられてしまうのではないかという心配をしています。

筆者が教育委員会の指導主事の時代に立ち上げた「わくわく作文塾」は、そのような状況に一石を投じようと始めました。「わくわく作文塾」の特徴は、行政主催の悉皆研修や校内研修が届かなかった内容まで手を伸ばした点にあります。すなわち、教育センター等の研修では、子供がその場にいないため、子供の反応を直接確かめることができません。また、各学校で実施される研究授業等は、その多くが一単位時間の公開に限られているため、作文の構想を練る段階から、推敲・完成に至るプロセスの全てを対象とした分析や考察ができません。つまり、いずれの研修においても、作文指導においては、やはり不鮮明な部分を残すのです。

実際、多くの研修会や研究授業を経験しているベテラン教師でも、「作文の指導はどうも難しくて」と述べる場合が少なくありません。そこで、教師が目前の子供の反応を瞬時にとらえて指導したり、それにより子供が課題を克服する場面を目撃したりすることができる「わくわく作文塾」を企画・実践することとしました。「作文を学びたい」という子供たちと、「作文指導法を学びたい」という教師を結んだのです。しかも、学校の授業とは違い、十五時間（三時間×五日間）の全てが「作文を書く」ことだけを目的としていました。すなわち、教師にとっても子供たちにとっても、初めて会う人と作文を書くという、しびれるような「真剣勝負の場」を準備したのです[8]。

この「わくわく作文塾」は、十五年以上継続され、鹿児島国語教育研究会　原国会でも、五年以上の実績を誇ります。その間、二五〇〇人以上の児童生徒、延べ七〇〇人以上の教員が参加しました。今では、広く県民に知れ渡る企画として定着し、テレビ等でも紹介されています。

次項以降では、この「わくわく作文塾」で確認できた、作文指導上のポイントの一つである「変容」について紹介していきます。

## (1)「わくわく作文塾」の概要

「わくわく作文塾」の流れについて、当日使用した「手引き」を引きながら説明しましょう。なお、第2章に紹介する手引きやワークシートは、「わくわく作文塾」をもとに作成しています。また、第2章では「推敲」については触れていませんが、「わくわく作文塾」における「推敲」の方法を参考にしていただければ幸いです。

### ★第一部：三〇分間【アイスブレイク・タイム】

当日参加した子供たちは、学校とは違って様々な状況の子供たちが集まる。もちろん、地元新聞の大きい告知紙面を見て、積極的に応募してくれる子供たちもいるが、「お母さんが無理やり申し込んだから参加した」という子供も少なくない。楽しい雰囲気を醸し出すため、毎回趣向を凝らした演劇やクイズから「わくわく作文塾」を導入している。内容は「〇〇と〇〇」という題で口頭による創作文の発表である。これについては、後述する。

### ★第二部：一二〇分間（含休息）【作文タイム】

#### ①見通しをもつ

次ページの「手引き：今日は　どこから　はじめますか?：」を使用して、自分のペースで書き進められるように見通しをもたせる。

#### ②着想する

「わくわく作文塾」では、次ページの「手引き：元気ですか」のほか、「秘密を教えてあげる」「〇〇さん　すごいね」「わたしの　たからもの」など、十種類以上の手引きを用意している。

全ての「手引き」に共通して組み込んだものは、前節でも話題にした「読み手意識」をもたせることにある。子供たちは、数多

アイスブレイク・タイム（令和２年12月）

選択と対話のある作文指導（令和２年12月）

くの「手引き」から自分が書きたいものを選択して思いを芽生えさせていくことができる。

原国会「わくわく作文塾」「作文を書く手順」

わくわく作文塾《さくぶんじゅく》で学《まな》んだ　作文《さくぶん》を書《か》く手順《てじゅん》

【今日は　どこから　はじめますか？】

① 作文《さくぶん》のタネ《たね》をみつける。
② 作文《さくぶん》マップ《まっぷ》を使《つか》って、書《か》きたいことをふくらませる。
③ 作文《さくぶん》の組《く》み立《た》てを考《かんが》える。（題名《だいめい》を決《き》める。小見出《こみだ》しをつける。）
④ 書《か》き出《だ》しを決《き》める。
⑤ 書《か》き上《あ》げる。（会話文《かいわぶん》、オノマトペ《おのまとぺ》を使《つか》って書《か》く。「うれしい」「かなしい」を他《た》の言葉《ことば》で書《か》く。とくにつたえたいことは繰《く》り返《かえ》す。）
⑥ 見直《みなお》す。（推敲《すいこう》）
⑦ 清書《せいしょ》する。

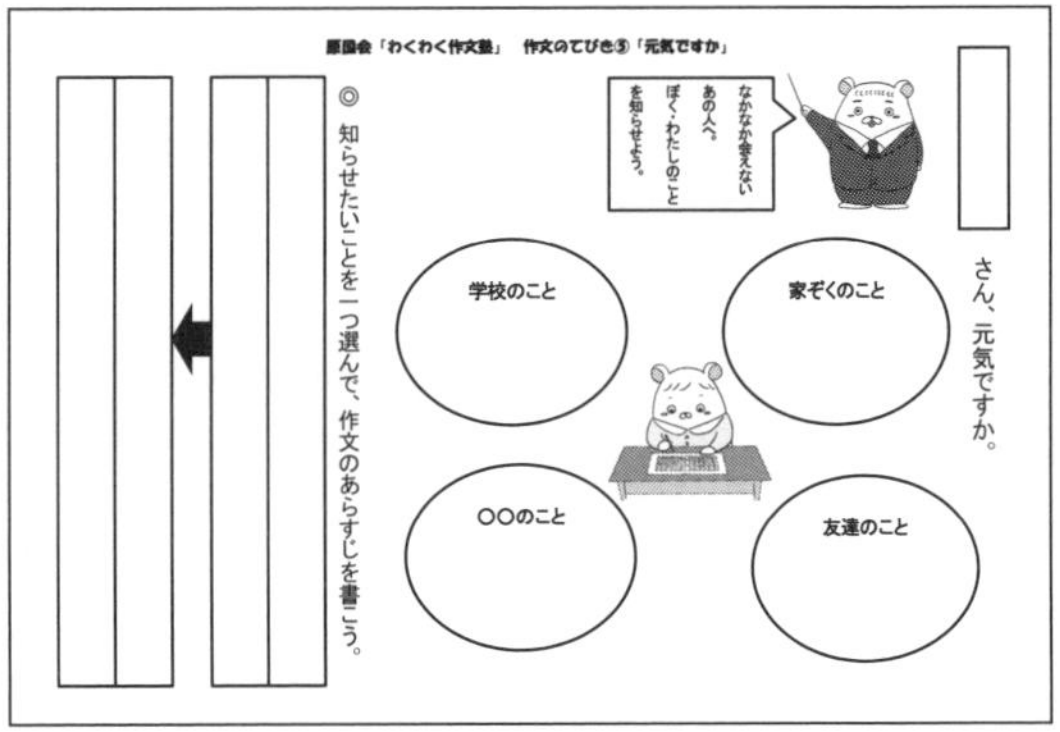


## ③構想する

着想した内容を明確にするために、下に示した「作文ダブルマップ」を作成した。「ダブルマップ」という名前は、中心に○（丸囲い）を書き、そこから放射線状に広がる思考マップを、「二つ重ねた」という意味から由来する。つまり、一般的な思考マップは「整理する」場面では有効だが、作文を構成する場面では、あまり適さないことが分かってきた。そこで、一つ目の○（丸囲い）には、体験前の気持ちを書き、もう一つの○（丸囲い）には、体験後の気持ちを書かせるようにした。例えば、学校現場でよく見られる「水泳大会で入賞してうれしかった」という体験後の気持ち（＝主題）だけで終わるのではなく、「水泳大会前、練習して苦しかったこと」まで思い出させるようにした。すると、子供は「うれしかった」という主題の裏にある「苦しかった」を思い出し、「うれしかった」と

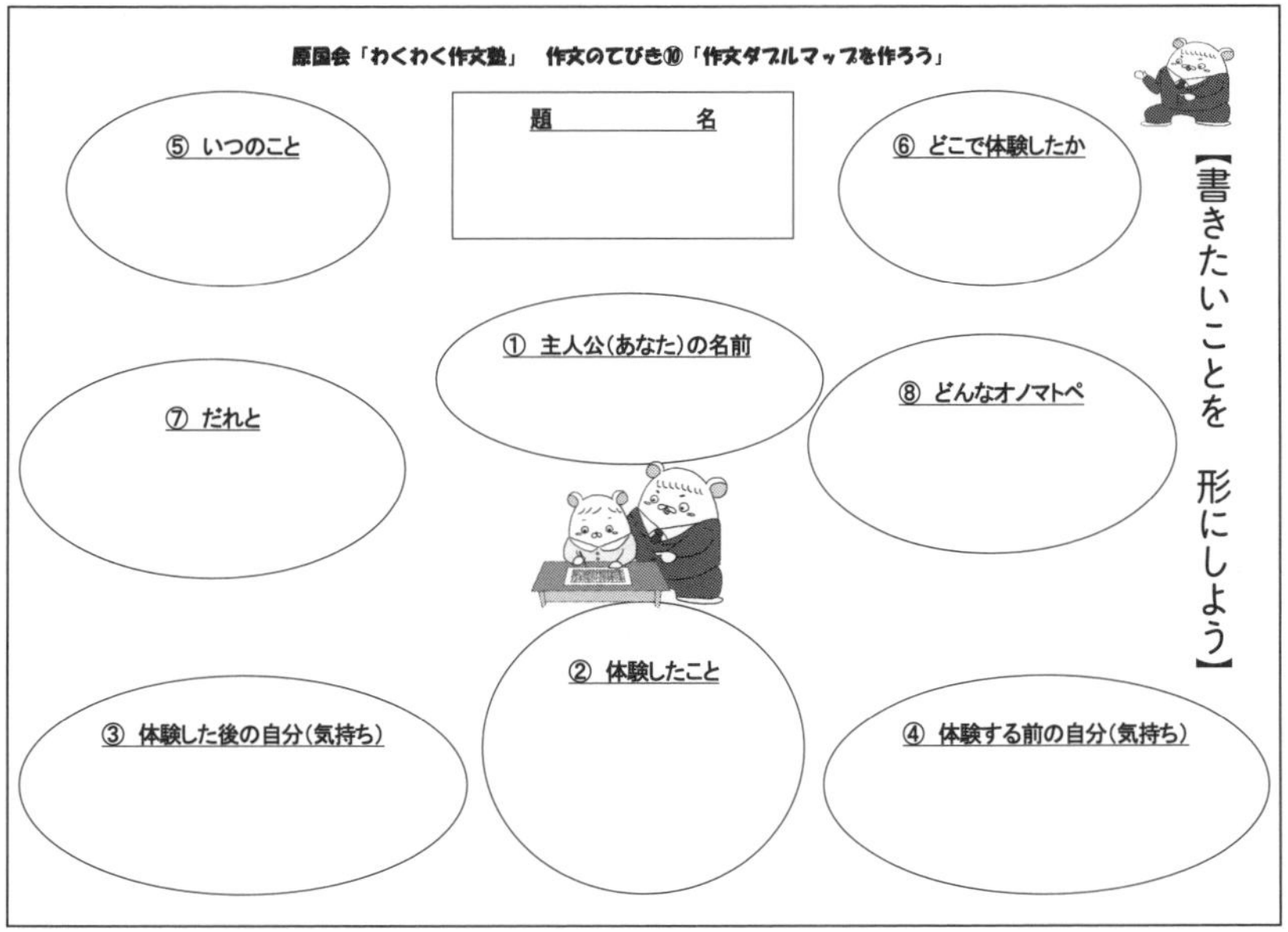

いう限定された感情だけでなく、時間をかけて「変容」した自分について気付くことができる。

この「ダブルマップ」をスムーズに作成するためには、「わくわく作文塾」の導入時の「アイスブレイク・タイム」が伏線になっている。下図は、「手引き：ミスマッチゲームをしよう」である。次のように使用する。

ア　世の中には、「○○と▲▲」という題名が付いた本や作品が多いことを想起させる。また、並べられた言葉が意外な組み合わせ（ミス・マッチ）になっているほど、物語が生まれることを知らせる。

イ　両方の三角形の中に、教師が指定したテーマに沿った単語を書かせる。

ウ　意外な組み合わせになりそうなものを選択させ、「○○と▲▲」という題名にして架空の物語を発表させる。

実際の「わくわく作文塾」では、「西郷隆盛とバナナ」「先生とリボン」などの題名が出された。そして、「いつ・どこで」等を明確にさせ対話を楽しんでいた。

この活動を経験した子供たちは、「○○と▲▲」の型を活かして、「○○をしました。楽しかったです。」という、「行事作文」から脱却していく。例えば、「バーベキュー」という題名を、「お父さんとバーベキュー」と書きかえた子供は、次のように書き出した。

> 夏休みに、バーベキューをしました。お父さんが大好きだったバーベキューです。お父さん、そこからみんなが見えますか。

「わくわく作文塾」で実際に出合った作文である。この子供が書きたかったことは、バーベ

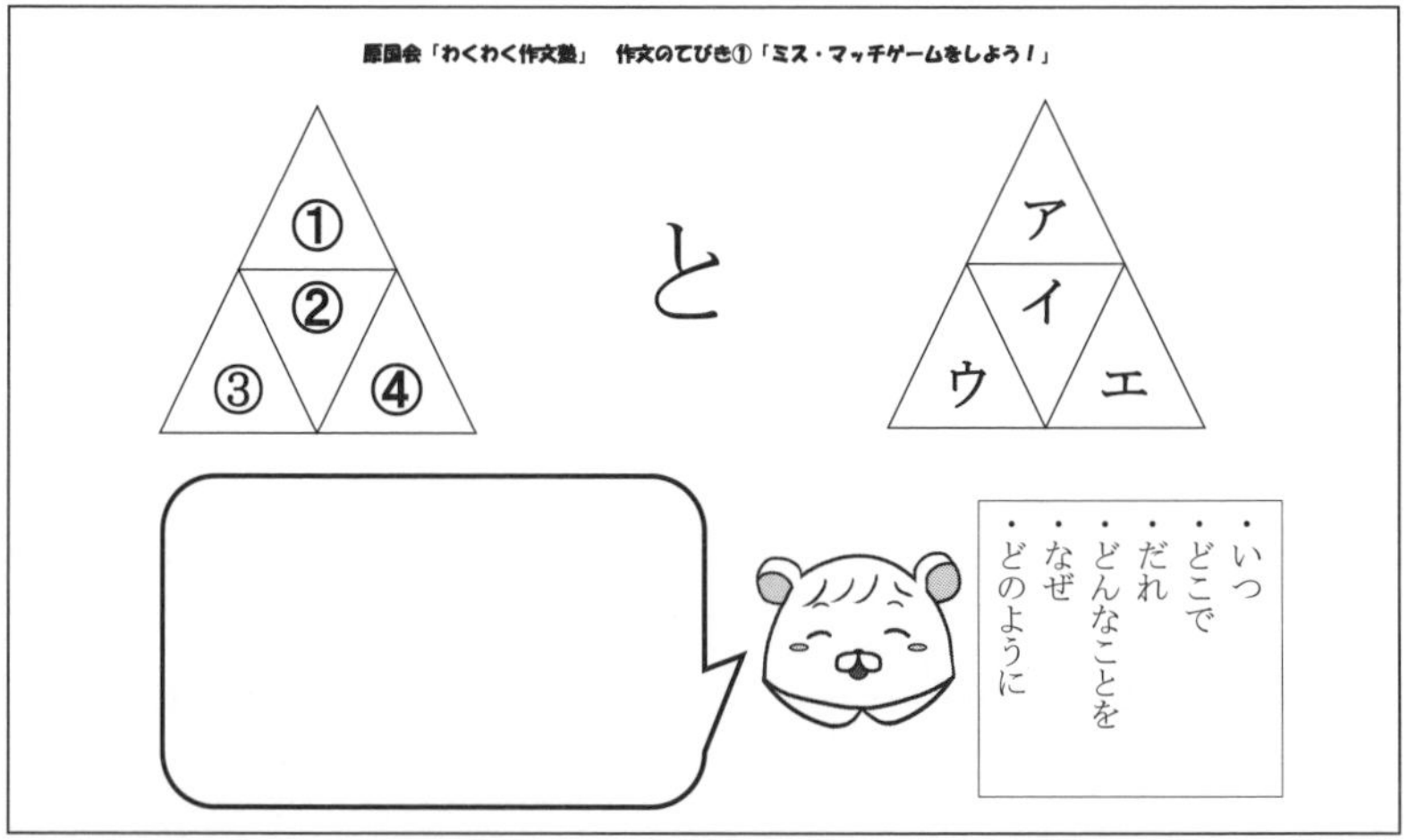


原国会「わくわく作文塾」　作文の手引き「ミスマッチゲームをしよう」

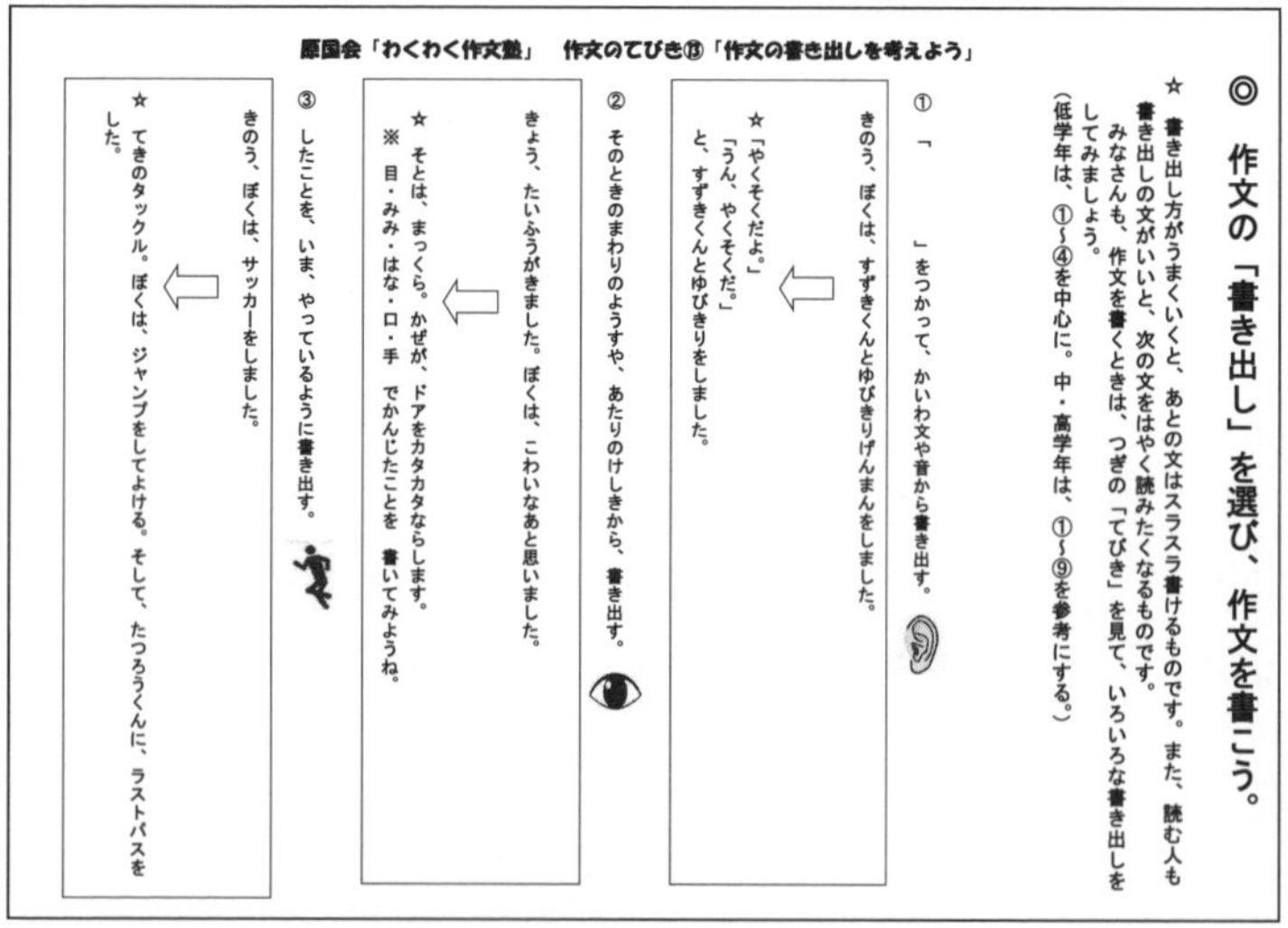
原国会「わくわく作文塾」　作文のてびき⑬「作文の書き出しを考えよう」

◎　作文の「書き出し」を選び、作文を書こう。

☆　書き出し方がうまくいくと、あとの文はスラスラ書けるものです。また、読む人も書き出しの文がいいと、次の文をはやく読みたくなるものです。
みなさんも、作文を書くときは、つぎの「てびき」を見て、いろいろな書き出しをしてみましょう。
（低学年は、①～④を中心に。中・高学年は、①～⑨を参考にする。）

①「　　」をつかって、かいわ文や音から書き出す。
きのう、ぼくは、すずきくんとゆびきりげんまんをしました。
☆「やくそくだよ。」
「うん、やくそくだ。」
と、すずきくんとゆびきりをしました。

②　そのときのまわりのようすや、あたりのけしきから、書き出す。
きょう、たいふうがきました。ぼくは、こわいなあと思いました。
☆　そとは、まっくら。かぜが、ドアをカタカタならします。
※　目・みみ・はな・口・手　でかんじたことを　書いてみようね。

③　したことを、いま、やっているように書き出す。
きのう、ぼくは、サッカーをしました。
☆　てきのタックル。ぼくは、ジャンプをしてよける。そして、たつろうくんに、ラストパスをした。

キューをして「楽しかった」という思いである。しかし、「○○と▲▲」という「題名の付け方」について学び、仮題を付け直した。そして、ダブルマップで構想を練っていくうちに、「バーベキューをして楽しかった」の奥にあった、昨夏に亡くなった父との「楽しかった」思い出が溢れ出してきたのである。

**④構成表を作成する**

低学年では時系列に構成していく方法、高学年では時間を操作してクライマックス場面から書く方法等、学年の発達段階に合わせた手引きを使用させた。

**⑤書き出し文・書き結び文を「選択」して記述する**

子供たちや教師に具体的な書き出し文を尋ねると、「かぎかっこで始める方法は知っているが、そのほかは思いつかない。」という回答が多かった。そこで、前ページ左図の「手引き」を作成した。（合計九種類の「書き出し」があるが、詳細は拙著『書くことが大好きになる！「選択」と「対話」のある作文指導』（明治図書、二〇一九）を参照）留意したいのは、書き出しは作品の冒頭ではなく、「段落の書き出し」であるという点である。例えば、第一段落は情景描写で書き出し、第二段落は会話文で書き出し、第三段落は回想文で書き出し……という風に、段落ごとに書き出し文を選択させることが重要である。書き出し文のバリエーションの多さは、展開力に直結する。

**⑥「対話」による推敲をする**

大村はま氏の先行実践（『大村はま国語教室　第五巻』筑摩書房、一九八三）を参考にして、下図のような手引きを作成した。この「手引き」の特徴は、メタ認知にある。つまり、書き上げた作文の最初の読者は自分自身であることを自覚させ、「うまく書けなかった」箇所だけでなく、「うまく書けた」という自信がある箇所についても認識させたいという意図がある。これにより、教師と子供、子供と子供の対話が進み、ポイントが絞られた効率的な推敲活動が可能になった。

**★第三部：三〇分間【発表タイム】**

各学年から一名ずつ、書き上げた作文を紹介し合い、共有する時間である。同じ題材でも、視点や書き表し方の工夫を学び合うことで、意欲の向上が図られる大切な時間となっている。また、教師側にとっても作文の発達傾向を知れる貴重な時間となっている。

● 自分の作文に線を引いて，友達と交かんしよう。そして，良いところをほめたり，アドバイスをしたりしましょう。

わたしの作文「　　　　　　」のとくちょう

| | 観点 | 内容 |
|---|---|---|
| 1 | 特に読んで欲しい人は， | （　　　　　　）です。 |
| 2 | 特に伝えたいことは， | （　　　　　　）です。 |
| 3 | わたしの作文には，次のような記号がつけてあります。 | |
| | ①　（何も書かない。） | このへんは，すらすら書けました。 |
| | ②　＝＝＝＝＝ | このへんは，よく書けました。 |
| | ④ ×――――― | このへんは，よく書けていません。 |
| | ⑤ ?――――― | このへんは，自分の気持ちがぴったりしません。教えてください。 |

## ★「わくわく作文塾」の活動全体を通して

本書の「はじめに」では、これからの「書くこと」の授業像として、

①完成に至るまでのプロセスを見通す　②主体的に記述する

③他者と協働して推敲・共有を行う　④クラス全員が書き終え、その手応えを感じる

を述べた。①～③は、「わくわく作文塾」の概要と合致している。④に関しては、参加した児童の新聞投稿記事の紹介で代替したい。

各学年の発表（令和２年12月）

> 少しだけ作文好きに（南日本新聞　平成三十一年一月十日付）
>
> 十二月、南日本新聞会館で「わくわく作文じゅく」がありました。二年生の妹と母の三人で参加しました。祖父が、新聞に小学生をたいしょうにした作文教室の記事を見つけて、母が申し込みました。わたしは、作文が苦手なので、その話を聞いて心が重くなりました。（中略）学年別に先生がついて指どうしてくれました。そして、四色のふせんを使って書きました。（中略）作文の書き方には、いろんなコツがあることを知りました。参加する前は、作文が苦手でしたが、少しだけ作文が好きになれたような気がします。

### (2)子供たちの反応―「変容」（成長したこと・発見したこと）という原理―

「わくわく作文塾」に十五年以上携わる中で、発見した原理があります。「変容」です。生活文は、ある体験を通して「変容した認識」を書くものなので、当然と言えば当然なのかもしれません。しかし、指導する教師も、「体験したこと」を細かに書き記させることに注意を払い、その結果「より特別な体験はないか」「他の人が注目する題材はないか」といった題材主義に陥っているように感じるときがあります。例えば、散歩していたら銀杏の葉が落ちてきたとしましょう。「題材主義」に陥っている教師は、「どんな音がした」「触ってみたの」「落ち葉のにおいをかいだよね」「オノマトペを使いなさい」……そのうち、誰が書いた作文か分からなくなります。

読者の皆様はここまで読まれて、「いや、そもそも落ち葉のことなど、子供は興味を示さないはずだ」と思われるかもしれませんね。

> 秋とわたし
>
> 公園を歩いていたら、秋がふってきました。赤色のもの、黄色のもの。わたしは、おかあさんに「どうして、秋になるとはっぱがおちてくるの」と聞きました。（後略）

お気付きかもしれませんが、これも「わくわく作文塾」で出合った小二児童の作文です。最

初は「公園に行ったこと」を書こうとしていました。そこで教師は、つい質問したくなります。誰と行ったの、どこの公園か、落葉の音はしなかったか……。しかし、「〇〇と〇〇」を経験した後、この子供は、題名を「秋とわたし」として、母親との会話のことを本当は書きたい、という主題を見つけたのです。この後は、母親の「さくらも雨も雪も空からふってきて、いろんなメッセージを教えてくれる」という素敵な回答が紹介されていきます。結びは、「メッセージを見つけてよかった」という言葉でした。発見したことの喜びが素直に表現されています。

もう一つ紹介しましょう。やはり、小二児童の作文（全文）です。

（題名は無し）
　三四時間目、二年生の生きものたんけんに行きました。わたしたちは、じょう山公園へしゅっぱつしました。二〇分ぐらいしてから、つきました。ついたときにみんなつかまえていたのでわたし、なんにもとれないのかな。とがっかりしました。一〇分ぐらいして、もん白ちょうをつかまえました。名前は、白ちゃん。そのあととのさまバッタのとの。と二ひきつかまえました。

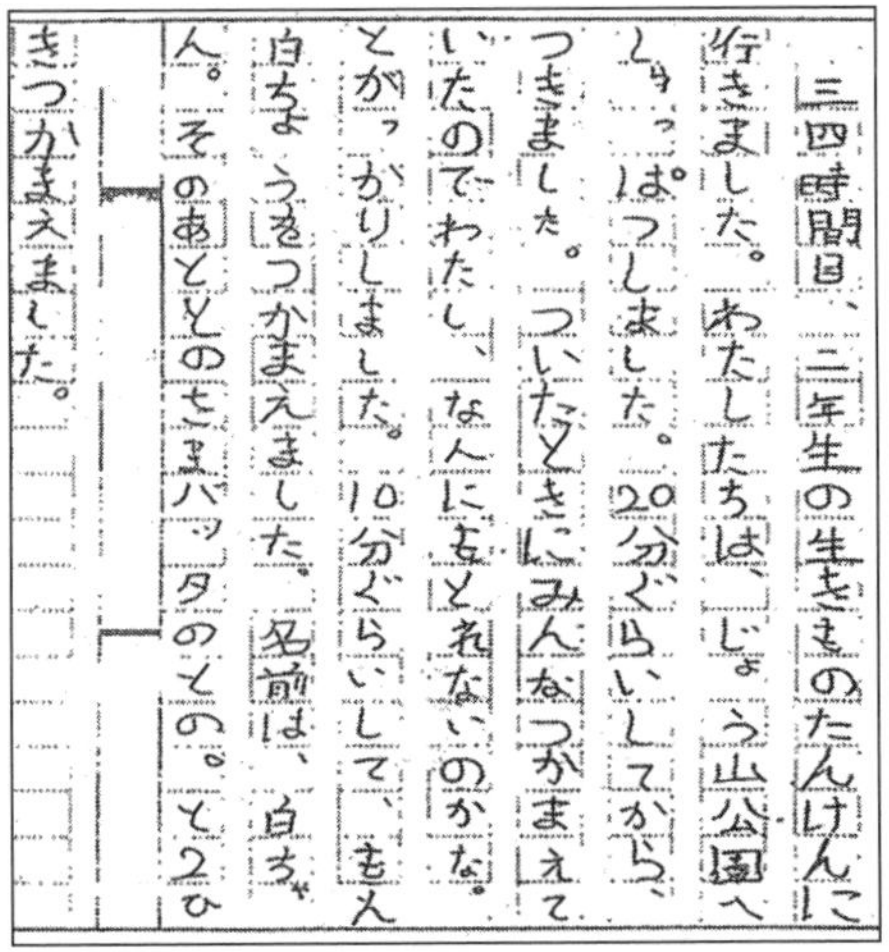
三四時間目、二年生の生きものたんけんに行きました。わたしたちは、じょう山公園へしゅっぱつしました。20分ぐらいしてから、つきました。ついたときにみんなつかまえていたのでわたし、なんにもとれないのかな。とがっかりしました。10分ぐらいして、もん白ちょうをつかまえました。名前は、白ちゃん。そのあととのさまバッタのとの。と2ひきつかまえました。

「わくわく作文塾」を楽しみにしていたのか、この子供は事前にこの作文を書いてきていました。二年生らしい作文です。いつ、どこで、誰が、何をした、といった事実は網羅されていると思います。しかし、何か物足りなく感じられる方も多いのではないでしょうか。例えば、「生き物探検」の学習でどのようなことを、感じたり発見したりしたのか。書きふくらませてほしいと思われるのではないでしょうか。

この子供は、「わくわく作文塾」を通して、次のように「変容」を綴りました。

モンシロちょうのどこ
〇〇小学校
H・M
「キーンコーンカンコン。」
二時間目のおわりのチャイムがなりひびきました。みんながよろこんでいます。とくに男の子なんかはしゃいで耳がはれつしそうです。なんでよろこんでいるかと言うと（原文ママ）三四時間目がまちにまっていた虫たんけんだからです。

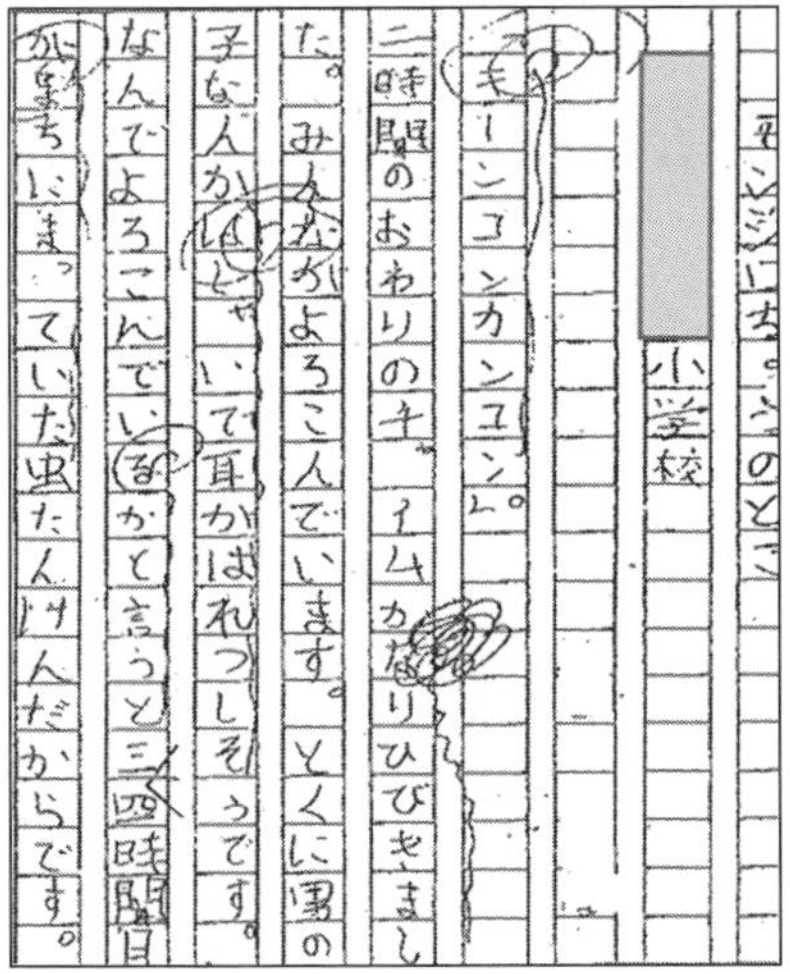
モンシロちょうのどこ
小学校
「キーンコーンカンコン。」
二時間のおわりのチャイムがなりひびきました。みんながよろこんでいます。とくに男の子なんかはしゃいで耳がはれつしそうです。なんでよろこんでいるかと言うと三四時間目がまちにまっていた虫たんけんだからです。

この後、四〇〇字詰め原稿用紙一枚半を使って、トノサマバッタやモンシロチョウを捕まえた様子を、心情語を交え臨場的に書き綴っていました[9]。ちなみに、捕まえたモンシロチョウがとても小さく、虫かごに入れると見つけにくく「どこ、どこ。」と探したことから、「名前はどこにしました。」という紹介や、トノサマバッタは「との」と名付けたことも紹介しています。とても温かい気持ちになりますね。ところが、この作文は意外な結末を準備していました。

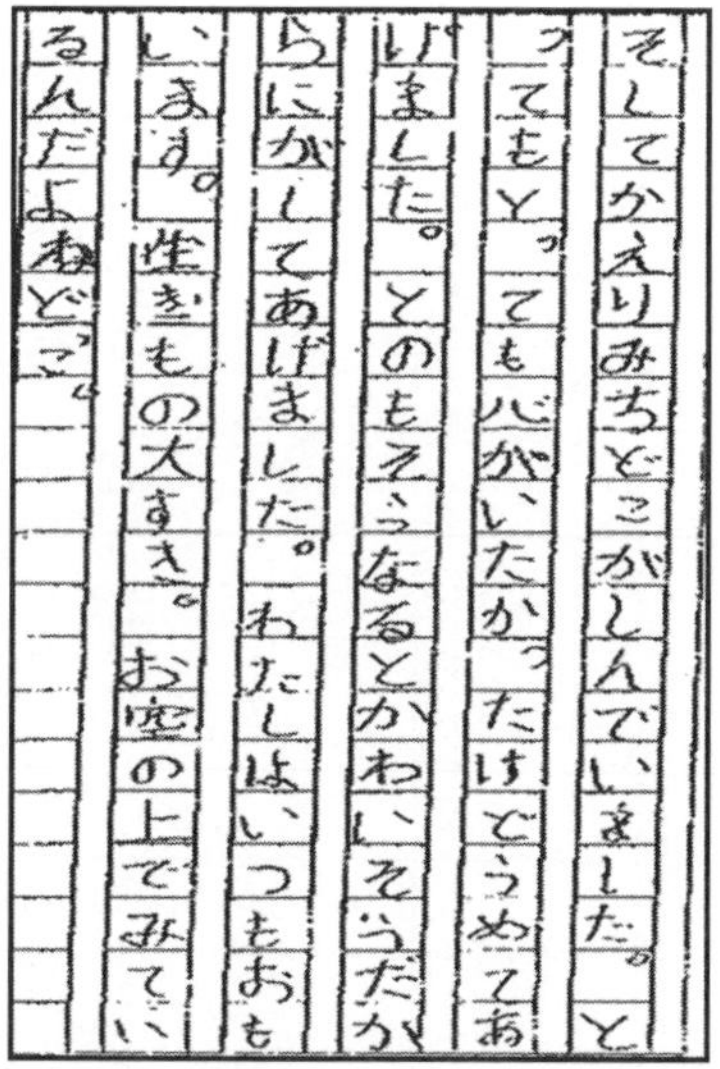

そしてかえりみちどこがしんでいました。とってもとっても心がいたかったけどうめてあげました。とのもそうなるとかわいそうだからにがしてあげました。わたしはいつもおもいます。生きもの大すき。お空の上でみているんだよねどこ。

そしてかえりみちどこがしんでいました。とってもとっても心がいたかったけどうめてあげました。とのもそうなるとかわいそうだからにがしてあげました。わたしはいつもおもいます。生きもの大すき。お空の上でみているんだよねどこ。

当初、作文の書き出し文から、「〇〇に行った」に象徴される「行事作文」の類であると思われました。しかし、「わくわく作文塾」のワークシートとして準備した、ダブルマップで構想するうちに、本当に書きたかったことに気付いていったのです。体験の裏にある、自分の「変容した気持ちや行動」に気付き、最後の段落に書き綴ったのです。もうお気付きのように、この児童の「変容」は、「命の価値」への見方・考え方であったことが分かります。姿が見えなくて「どこ」と名付けたモンシロチョウ。でも今は「どこはお空の上にいる」と想像し、「生きもの大すき。」とまっすぐに気持ちを述べている姿。講師一同、子供の可能性の凄さを目の当たりにした気がしました。

私はこれまでの活動を振り返り、次のことを確信しました。

- **子供たちは「変容」（成長したこと・発見したこと）を表現したい。**
- **作文指導をする際には、「変容」に焦点を当てさせることが大切である。**

本節のまとめとして、「わくわく作文塾」に参加した児童が、後日「ぼくと作文」と題した新聞投稿記事を紹介しましょう。

ぼくと作文　　小二児童（南日本新聞　令和三年一月八日付）

ぼくは、長い作文を上手にかくことができないので、作文がきらいです。「自由にかけばいいんだよ」と言われても、いみが分からず、いつもお母さんとけんかになります。

十二月に、お母さんがかっ手にもうしこんだ作文教室にイヤイヤさんかすることになりました。作文教室ではかきたいことを「ふせん」にかくことからはじめました。かいたふせんをならびかえて、かくじゅんばんをきめてから長い文にしました。

ぼくは、作文でふせんをつかったことがなかったので、とてもおどろきました。だけどふせんをつかうと、かきたいことがせい理されて、自分でもびっくりするぐらいスラスラかくことができました。

そして、教えてくれた先生たちのおかげで、ぼくは少しだけ作文がすきになりました。作文教室にさんかしてよかったです。ありがとうございました。

小学生への指導（令和２年12月）

中学生への指導（令和２年12月）

「わくわく作文塾」での体験をもとにして、「作文がきらいです」から、「少しだけ作文がすきになりました」と綴った「ぼく」。「お世話になった」先生方に、そして新聞を読む人に、自分の「変容」を伝えたかったのでしょう。文章の行間から、「ぼく」の笑顔が溢れ出してきます。

## ４　「引用」と「反論」がある作文
### ―「ペンタゴン・ロジック」（平成二十六年～現在）の実践―

今期の国語科学習指導要領に新設された「思考・判断」の領域に、「話すこと・聞くこと」「書くこと」「読むこと」が位置づけられましたが、その全てに「情報の取り扱い方」の文言が反映されています。例えば、本稿が対象とする「書くこと」では以下のように書かれています。（傍線は稿者）

【第３学年及び第４学年「B　書くこと　考えの形成・記述」】

ウ　自分の考えとそれを支える理由や事例との関係を明確にして、書き表し方を工夫すること。

【第５学年及び第６学年「B　書くこと　考えの形成・記述」】

ウ　目的や意図に応じて簡単に書いたり詳しく書いたりするとともに、事実と感想、意見とを区別して書いたりするなど、自分の考えが伝わるように書き表し方を工夫すること。

【第５学年及び第６学年「B　書くこと　題材の設定、情報の収集、内容の検討・取材の解説文」】

・集めた材料を分類したり関係付けたりするとは、集めた材料を書く目的や意図に応じて内容ごとにまとめたり、それらを互いに結び付けて関係を明確にしたりすることである。（中略）賛成の立場から集めた材料と反対の立場から集めた材料とに分類することで、一方の立場からの材料の不足に気付き、更なる情報収集の必要性を感じることも考えられる。集めた材料相互の関係が整理されることによって、示すべき理由や事例などの事実が絞られ、伝えたいことを明確にすることができる。

・意見を述べる文章を書くとは、理由や事例を明確にしながら、筋道を立てて自分の考えを述べることである。例えば、自分の考えを、異なる立場の読み手に向けて主張する文章や、自分たちの生活をより良いものにするために提案する文章、事物のよさを多くの人に推薦する文章などを書くことが考えられる。

論理的思考力を育成するために重要なのは、「これからの時代に求められる国語力について」で指摘されていたように「文章を書くことの指導や自分の考えや意見を述べる機会を多く設けること」であり、今次の学習指導要領「書くこと」で述べられている「事実や理由を明確にした主張文（意見文）を、異なる立場の読み手を想定しながら書くこと」です。小学校五年教科書には、すでに「主張」「事実」「理由」「予想される反論」「それに対する考え」を織り込んだ意見文を書く活動が設定されています。また、令和三年度の全国学力テストでは、小中学校のいずれにも「反論」を伴う意見文の問題が出題されました。一方、小学校現場からは戸惑いの声も聞かれます。「どのような授業なのかイメージが湧かない」「時間がかかりそう」「トップダウン方式で、型を教えることに抵抗がある」「反対の立場から質問を想定することが難しい」等の声です[10]。意見文指導において効率的で、他の教科にも転移できる授業モデルはないのでしょうか。

私は、このような現場の悩みに応えたいという一心で、平成二十六年から研究を開始しました。理論的に積み上げることも大切ですが、現場で使えない理論は意味がありません。目の前の子供たちを困らせたままにしておくのではなく、実践的な研究が必要です。そこで私は、鹿児島大学、専門学校、県内外の小中学校において、系統性に注目しつつ数多くの実践及び共同研究に取り組みました[11]。また、佐世保市立歌浦小学校では、飛び込み授業を行わせていただきました。貴重な機会を与えてくださった内野義和校長先生・佐藤博教頭先生・田中伶武先生（所属は訪問当時）をはじめ、関係の先生方に大変お世話になりました。ここに記し謝辞とします。

では国語教室の現場で揉まれながら、産声をあげた「ペンタゴン・ロジック」を紹介します。

**表4　情報の扱い方に関する事項（小学校）**

| | 第１学年及び第２学年 | 第３学年及び第４学年 | 第５学年及び第６学年 |
|---|---|---|---|
| 情報と情報との関係 | ア　共通，相違，事柄の順序など情報と情報との関係について理解すること。 | ア　考えとそれを支える理由や事例，全体と中心など情報と情報との関係について理解すること。 | ア　原因と結果など情報と情報との関係について理解すること。 |
| 情報の整理 | | イ　比較や分類の仕方，必要な語句などの書き留め方，引用の仕方や出典の示し方，辞書や事典の使い方を理解し使うこと。 | イ　情報と情報との関係付けの仕方，図などによる語句と語句との関係の表し方を理解し使うこと。 |

## (1)「ペンタゴン・ロジック」とは

中学校一年教科書『現代の国語』（三省堂、令和二年検定済）には、「意見文　根拠を明確にして述べる」として三角ロジックが収載されています。生徒は、主張、事実、理由付けの三つを吟味し区別することによって、論理的な意見文が書けるように工夫されています。また、先述したように小学校五年教科書には、「反論」予想して意見文を書く活動が設定されています。なんだか系統的に逆転している気もしますが、中学校の意見文は反論を折り込むことは前提としているようです。現場教師はこれらの方略を、トゥールミン・モデルを援用した「型」として認知していますが、管見の及ぶ限り井上（一九七七、一九八九）[12]や難波（二〇一〇）[13]等の論考にもあるように、これらの受容については国語教育界で慎重に取り扱われてきました。しかし、現場教師にとっては、すでに教科書に掲載されている以上、その関心はもはや受容の可否にはなく、「型」を使った効果的な授業方法の開発にこそ関心があります。

特に、小学校で困難なのは、「反論を予想する」という自己内対話です。これは、ややもすると再反論しやすい、予定調和的な「反論予想」に終始します。これでは、論理的思考は一向に深まりません。

では、どのような方法があるのでしょうか。私は、三角ロジックやトゥールミン・モデルを牙としつつも、他者と対話する協働的学習活動を明確に組み込んだ、五角形の論理ツールを開発しました。そして「ペンタゴン・ロジック」と名付けて研究を進めました。その特徴は、「思考を整理すること」に加えて、「思考を他者と創り上げていくこと」にあります。そして、一目でその手順と内容が分かるように工夫しました。長年の研究の結果、次のように可視化しました。

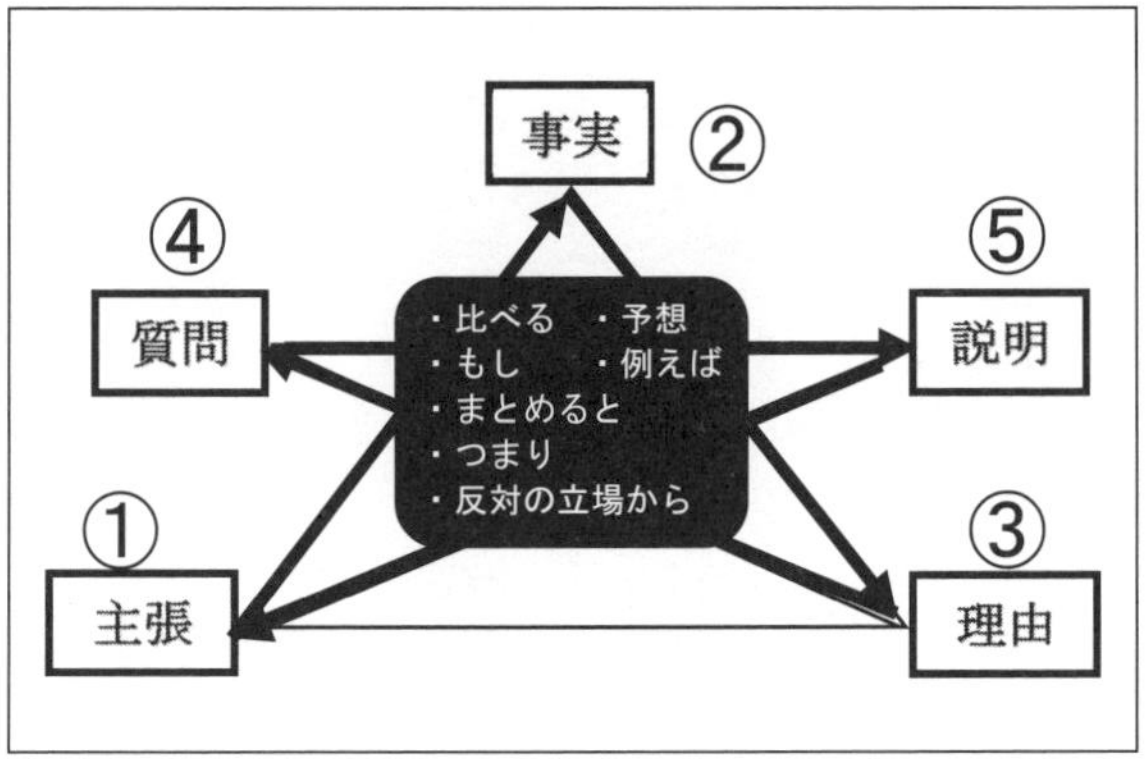


図2　「ペンタゴン・ロジック」

| 形態 | 項目 | 文　章　例 |
|---|---|---|
| 個人で作成 | ①主張 | 今すぐに言葉の教育の充実を図るべきだ。 |
| | ②事実 | 言葉遣いを発端としたいじめ被害が後を絶たない。 |
| | ③理由 | 適切な言葉遣いは，言葉の教育によって学ぶことが多いから。 |
| 他者からの質問　他者への説明 | ④質問 | 言葉の教育が充実してもいじめ被害は減らないのではないか。 |
| | ⑤説明 | 確かに，言葉の教育が充実しても，「いじめ被害は減らない」という意見もあるかもしれない。しかし，文科省がいじめの態様では，「言葉によるものが62.4%で最も多い」と報告していることを考えると，言葉の教育の充実は喫緊の課題と言えよう。 |
| 個人で他者へ | ⑥再主張 | 今すぐに言葉の教育の充実を図るべきだ。 |

確かに、これは「型」の一つにしか過ぎません。しかし、可視化された「ペンタゴン・ロジ

ック」は高等教育を卒業した学生にも大好評でした。「もっと早く知れば、小論文で困らなかったのに」「論理的文章を読むときにも使えそうだ」（以上、平成三十年度共通教育授業内の感想・鹿児島大学医学部一年生）とか、「星型マークなので覚えやすくて、いつでも使えそうだ」（平成三十年度「論理学」授業内の感想・鹿児島看護専門学校一年生）という声が聞かれました。そして、自分で選択した新聞記事に対する意見文を書いてくれました[14]。

## (2)ペンタゴン・ロジックを使った、小単元「佐世保市や鹿町の魅力を語り合おう」の授業

『角川類語新辞典』（大野晋他、一九八一）によれば、「疑問」とは「疑わしいこと」とされています。一方「質問」とは、「分からないことを問いただすこと」とされています。同義に思えますが、「疑問をもつ」という文に違和感はありません。しかし「質問をもつ」は落ち着かない感じがします。「質問をする」の方が自然な表現であるように思われます。つまり「質問をする」とは、相手や場面、目的に応じた行動を含むものであることが分かります。読者の皆様も、研究公開等で授業者に「質問をする」際に、いろいろと考えを巡らせた経験があると思います。

実は、この「質問をする」という行為が、「ペンタゴン・ロジック」で最も難しく、しかし価値があるものです。「疑問」が個人の既有知識との差異から生じ、「質問」が他者との関係性を含有すると仮定しますと、授業内では個人の中に「疑問をもたせる」工夫と、「他者に質問をさせるための工夫」が必要であることが分かります。

国語教室を観察していますと、低学年のクラスにおいても、微妙な人間関係から、「疑問」をもちつつも、「質問すること」をためらう姿に気付きます。ロスステイン他（二〇一五）[15]は、子供たちに質問をさせるためには、「質問に対する評価をしない」「発言のとおりに質問を書き出す」等を挙げています。「質問すること」は、他者との応答に至るコミュニケーションでもあるのです。それゆえに、「質問すること」に躊躇う場合が出てくるのでしょう。授業の中では、「疑問をもつこと」と区別し、「質問すること」への抵抗感を、少しでも軽減していくことが大切でしょう。

以上の点を踏まえて、歌浦小学校五年クラスにおきまして、ゲスト・ティーチャーとして授業を行わせていただきました。小単元名には、歌浦小の所在地を入れ込み、「佐世保市や鹿町の魅力を語り合おう」としました。そして、活動内容として、鹿児島市から来た私に対して「修学旅行地として鹿児島市より佐世保市が良い」という意見文を協働的に書き上げることを目標とした、学習活動を設定したのです。以下、その概要を紹介しましょう。

---

○単元名　佐世保市（鹿町）の魅力を語り合おう（T1：田中先生　T2：原田）
○時数（全2時）
○目標

（1）知識及び技能　情報の扱い方に関する事項

ア　佐世保市（鹿町）の情報と修学旅行に関する情報を結びつけて、その対応関係について理解する。

イ　主張、事実、理由、反証（質問、説明）による情報同士の関係付けの仕方を理解し使う。

（2）思考力、判断力、表現力等　B書くこと

ア　目的や意図に応じて、感じたことや考えたことなどから書くことを選び、集めた材料を分類したり関係付けたりして、伝えたいことを明確にする。

ウ　事実と感想、主張とを区別して書く。

カ　文章に対する感想や意見を伝え合い、文章を整え、よいところを見付ける。

○主な学習活動

（1）1／2時

1　二時間を貫く学習課題をつかむ。

・佐世保市が修学旅行地としての推進に力を入れていることを知る。

・佐世保市と鹿児島市を比較し、説得力をもった伝え方でT2（注：原田）に佐世保市の魅力を伝えることを知る。

2　学習の流れ（①佐世保市（鹿町）の魅力を伝えるワークシートを、三角ロジックで書く②「ペンタゴン・ロジック」でワークシートを完成させる③発表し、学習のまとめと個人の振り返りをする）を確認する。

3　三角ロジックで、ワークシートを書く。

・三角ロジックで、佐世保市（鹿町）の魅力をワークシートに書く。

・「おいしい食べ物があるから」「きれいな場所があるから」などの観点で、グループを再編成する。

4　反論を踏まえた意見文が可視化された「型」として「ペンタゴン・ロジック」を知り、そのよさに気付く。

（2）2／2時

1　鹿児島市の観光資料を参考にして、T2の質問を予想する。

・質問をしやすいように、付箋に無記名で、思いついた質問を書いて貼っていく。

2　質問に対する反論を考え書き、ワークシートを完成させる。

・質問を整理し、採用する質問を決定する。

・質問に対する説明ができるように、資料等を使って調べたり考えたりする。

3　席を外していたT2に自分の意見を発表する。

4　学習のまとめと振り返りを行う。

---

## ●1時間目「反論を踏まえた意見文のよさに気付く場面」

子供：あ～っ。（感嘆の声）

T2：5時間目は、これをします。

子供：はい。

T2：ただしね、質問は自分で考えるんじゃなくて、友達と一緒に考えてほしい。どういうことかというと、まず、みんな原田先生になってほしい。いやかもしれないけれどね。

子供：（笑い声。隣の人と顔を見合わせて、笑顔）

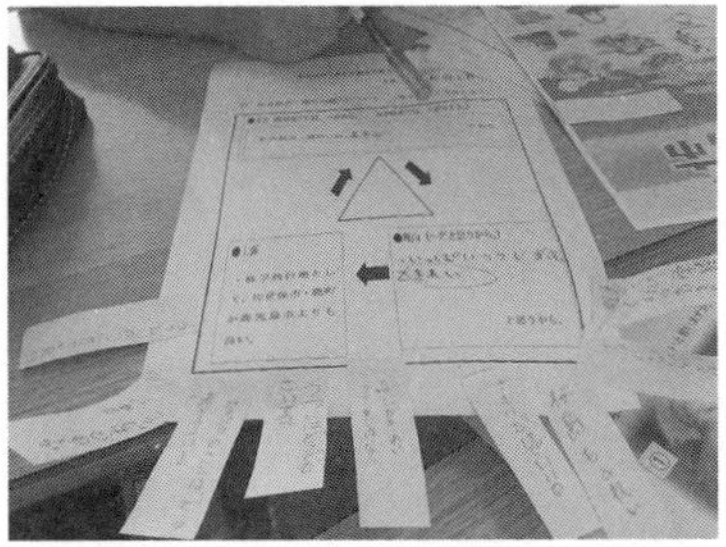

付箋に質問を書き，貼りつけている場面

T2：そして「原田先生だったらこんな質問をするんじゃないかな」と考えて、この付箋に書いて貼ってほしい。そして、ワークシートを戻します。こうして、5時間目は、意見文を完成させていきます。

T2：じゃあ、残り四分だね。質問を出して、説明するということを試しにやってみましょう。じゃあ、（黒板に張ったペンタゴン・ロジックを指して）このハウステンボス（の例）で考えてみましょう。（佐世保市には）ハウステンボスがある。えっ、「鹿児島市より佐世保市が修学旅行地としていいという理由はなあに？」「ハウステンボスは、きれいだから。きれい？ん？修学旅行って、きれいだけでいいの……？と、原田先生から、もし質問がきたらどうしよう。どう言い返しますかって、試しにやってみましょう。」

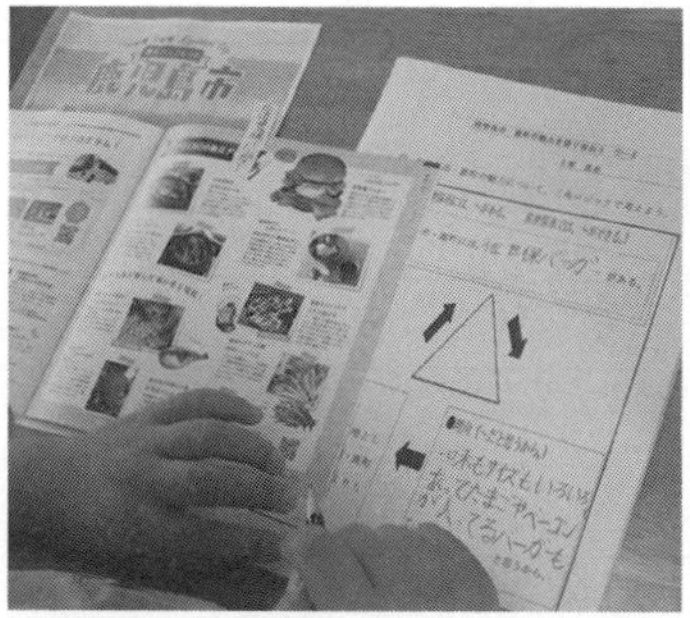

資料を使い質問に対する説明を考えている場面

子供：ん～っ。（納得の意）

T2：じゃあ、原田先生は今から教室を出ますから、担任の田中先生と一緒になって、原田先生にどんな風に言い返すか、作戦会議をしてください。じゃあ、二分後に戻ってきますね。

（原田は退出、隣の学級で待機）

T1（学級担任の田中教諭）：ハウステンボスは、きれいだけじゃないよ！って反論は無いかな。（即座に、子供二人が挙手）

子供：はい、先生。

T1：近くの人と話し合って。何かないか。

子供：（子供たちの話し合いが続く。二分後、原田が入室）

T1：では、発表してください。

子供：はい。ハウステンボスはきれいだけでなく、宿泊もできる。

T2：なるほど、宿泊もできる。鹿児島市に、宿泊もできるテーマパークは無い……。

子供：ハウステンボスには、多くの植物がある。植物の生態を調べることもできる。

T2：調べ学習もできる……なるほど。負けそうだなぁ。（他の子供も挙手するが、さえぎって）時間がきたので、ごめんね。続きは、5時間目。ちょっとワークシートを見てください。

T2：5時間目は、今のように、原田先生からこんな質問がくるんじゃないかな、と質問を出し合い、その説明を考えてもらいます。そして、ペンタゴンを完成してもらいます。では、終わります。

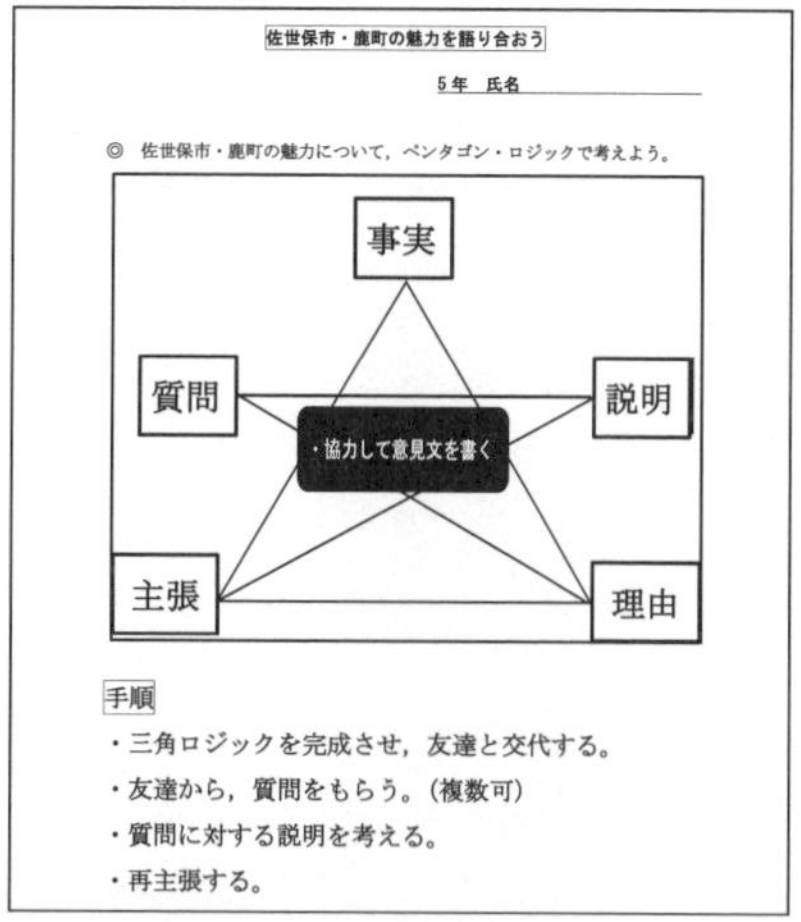


## ●2時間目「質問を受け止め、より深く考えている場面」

T2：では、できた意見文を発表してもらいましょう。田中先生に、主張、事実、理由を読んでもらいます。そして、原田先生の質問として予想した友達からの質問を、原田先生が読みますね。そして、それに対する説明をしてもらいます。では、（黒板に張ったワークシートを指しながら）このワークシートから。

T1：鹿児島市より佐世保市の方が、修学旅行地としていい。佐世保市には、ハウステンボスがあり、花の王国や光の王国があるからです。

T2：えー？（修学旅行は一年中いつでも実施されるが）花の王国は、いつでも実施されるのですか？

子供：確かに、花の王国や光の王国はいつもしているのですか、という質問があるかもしれません。しかし、パンフレットには「一年中している」と書いてあります。

T2：パンフレットに、もう少し詳しく書いているの？（子供たちは、すぐにパンフレット確認をする）

子供：（書いてある箇所を見つけて音読する）「花は一年中枯れないように管理しています」

T2：なるほど。（拍手）

T2：では、今度は最初から全部、前に来て発表してください。

子供：佐世保市には、佐世保バーガーや、とらふぐがあります。このことから、おいしいものがあるので、修学旅行にはいいと思います。

T2：修学旅行って、「おいしい」だけでいいの？　鹿児島にも、かるかんがあるよ。

子供：確かに、食べることで何を学ぶのですかという意見もあるかもしれません。しかし、例えば、佐世保バーガーは、米軍から伝わったことや、ふぐは鹿町の入り江を使った養殖で育てられたものなので、その土地の歴史や特色を学ぶことができます。だから、修学旅行地として、鹿児島市よりも佐世保市がいいと思います。

子供：（大きな拍手）（※参観していた同校教員も大きく頷く）

付箋に書かれた質問について
協議している場面

子供が書いたペンタゴン・ロジックの例

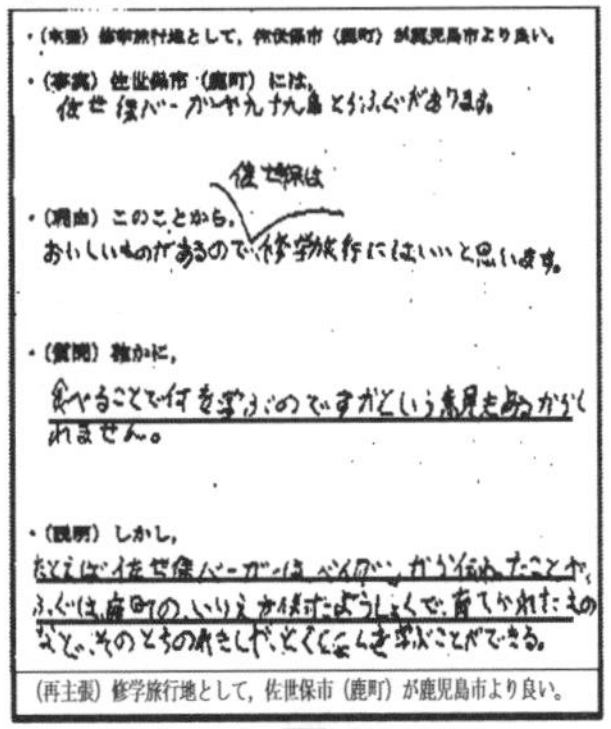

- ・（主張）　修学旅行地として，佐世保市（鹿町）が鹿児島市より良い。
- ・（事実）　佐世保市（鹿町）には，佐世保バーガーや九十九島とらふぐがあります。
- ・（理由）　このことから，おいしいものがあるので，佐世保は修学旅行にはいいと思います。
- ・（質問）　確かに，食べることで何を学ぶのですかという意見もあるかもしれません。
- ・（説明）　しかし，たとえば佐世保バーガーはベイグンから伝わったことや，ふぐは鹿町のいりえを使ったようしょくで，育てられたものなど，そのとちのれきしや，とくしょくを学ぶことができる。
- ・（再主張）修学旅行地として，佐世保市（鹿町）が鹿児島市より良い。

## (3)子供たちの反応―「引用」と「反論」という原理―

この授業は、歌浦小の内野校長先生から「論理的に考える楽しさ」や「話し合うことの価値」について伝えてほしいという要請から実現した授業でした。したがって、子供たちや担任からどのような反応が返ってくるか、楽しみでもあり心配でもありました。しかし、それは杞憂でした。

★「学習の振り返り」の記述内容から

○「事実」（データ）を資料等から引用し、主張することのよさについて

・「事実」を引用することで、言いたいことがはっきりした。

・「事実」の引用があると、主張が強くなるように思った。

○「反論」（反対の立場に立って質問する）することのよさについて

・付箋を使い、質問をもらって考えを深められた。

※授業では「理由」について、「それだけでいいの？」と繰り返すだけの質問もよいこととした。例えば、「ハウステンボスを『きれいだから』という理由から修学旅行地として挙げていた。しかし、『きれいだから』だけでいいのか。鹿児島市にも、きれいな場所はある。その理由では納得できない。」という質問例を紹介した。そして付箋を配布し、無記名・単語による質問を書かせることにより、スムーズな質問ができるようにした。

○質問をし合うことで、各自の考えを深めていくことについて

・佐世保市のパンフレットで調べることで、「佐世保バーガーがベイグン（米軍）から伝わった歴史」や、「地元の入り江を利用したとらふぐ養殖」について調べ直すことができた。調べ直したことで深く考えることができた。

★担任の後日談

・ペンタゴン・ロジックを使った学習をしたことで、「書くこと」が苦手な児童たちが「考え方が分かった」「考えることが楽しかった」と日記に綴っていた。

・「思考・表現」の分野の成績が向上した。要因として「書くこと」を厭わなくなり、「無答率」が大きく減少したためだと考える。

飛び込み授業を通して、私が直接感じた手応えや、右記に紹介した、振り返りの記述内容、後日談等から、論理的思考力・表現力を高める指導ポイントして、次のことを確信しました。

**・論理的な文章指導を行う際には、事実の「引用」や、違う立場からの「反論」を想定させることが大切である。これは、作文指導にも通じる。**

**・作文指導を行う際は、ペンタゴン・ロジックが効果を発揮した。段落構成、主述の対応、接続語の配置について指導することが大切である。**

一方、私自身が飛び込み授業をすることで、新たな課題も見つかりました。前ページの「子供が書いたペンタゴン・ロジックの例」を見ていただくとお分かりだと思います。シートには字数制限・段落・書き出しの言葉等もなく、子供たちは書きづらかったのではないかと感じました。

その書きづらさを解消することで、子供たち全員が短時間で書き上げ、推敲・共有するための時間を十分に確保できるような工夫が、さらにできないか。具体的には、手順を示す「手引

き」と、子供たちが直接書き込む「ワークシート」を区別し、開発する必要を感じたのです。
次節では、この課題を解決すべく、取り組んだ実践例を紹介します。

## 5 読み手を意識した「変容」「引用」「反論」がある作文
### ―「今の気持ち」（令和二年七月～八月）の実践―

令和二年七月～八月にかけて、南日本新聞紙上で鹿児島県内の小中学生を対象にした、短作文指導の実践を展開しました。新聞紙上の指導に加えて、賞品等を準備できなかったので、どれだけの反応があるのか心配でした。しかし、小学校三年生～中学校三年生の児童生徒一〇一名からの出品がありました。本県の児童生徒の作文意欲の高さを、改めて認識しました。

実践上のポイントは、これまでの研究で積み上げてきた次の二点に置き、新しい短作文指導の構築を図りました。

①長作文や他の文種へと転移する「語彙力」と、「情緒力」及び「論理的思考力」との関連を明確にした短作文指導

・主に情緒力と関連する「語彙力」：主述、文末、副詞、オノマトペ、比喩、語彙等

・主に論理的思考力と関連する「語彙力」：主述、文末、接続語、段落構成、語彙等

②終末時の時間を確保し、推敲・共有ができる短作文指導

実践で使用した「手引き」と「ワークシート」は次のようなものでした。（※著作権の関係で、新聞紙上に掲載したものとは形を変えていますが内容は同じです。）

〈今の気持ちを作文に〉作文の手引き

・学校生活の様子が変わったために、すっきりしない気持ちになっていませんか。今の気持ちを作文に書いて整理したり、これからの希望や目標を書いたりすることで、楽しく前向きな気持ちへと切り替えられたらいいですね。

スタート　すっきりしない「今の気持ち」を絵文字で書きます。（例）

第1ステージ　「今の気持ち」を、原稿用紙の「はじめ」に書きます。

（例）の場合
ア　オノマトペを使って書く
・うおー・とげとげ・ぷすっ・ぷつん
・むかっ・むしゃくしゃ・むすっ　等
イ　一言で短く書く
・いら立つ・うんざり・気が重い・失望
・しんぼう・不機嫌・憤慨・立腹　等
ウ　何かにたとえて書く
・まるで・・・のような気分だ。等

参考：山口仲美編『擬音語・擬態語辞典』

（例）の場合
ア　オノマトペを使って書く
・あーん・いじいじ・うんざり・えんえん
・ぎゅー・しょぼん・へなへな・わーん　等
イ　一言で短く書く
・くやしい・ざんねん・つらい・切ない
・不安・憔悴・憂鬱・落胆　等
ウ　何かにたとえて書く
・まるで・・・のような気分だ。等

原田義則編著・原国会著『「選択」と「対話」のある作文指導』

※　この他にも教科書や辞典を使って、ぴったりくる言葉を探してみましょう。

第2ステージ　「今の気持ち」の原因になった出来事や理由を、原稿用紙「なか」の①に書きます。

「なか」の①には、出来事や理由を書きましょう。
ア　つなぎ言葉を使って書く。
・なぜなら　→　・また　→　・それから
イ　箇条書きで書く。
・はじめに　→　・つぎに　→　・さいごに
・一番目に　→　・二番目に　→　・三番目に

第３ステージ　これからの希望や目標を、原稿用紙「なか」の②に書きます。

「なか」の②には、これからの希望や目標などを書き、楽しく前向きな気持ちを書きましょう。

・テレビ、新聞、本などで見聞きしたことや、○○さんが言っていたことを「　」で引用する。
・楽しく前向きな気持ちを書く。

ファイナル・ステージ　書き上げた作文を、誰かに読んでもらいましょう。

「おわり」には、読んで欲しい人の名前を書き、感想をもらいましょう。
みなさんの気持ちがすっきりするといいですね。

・結びの文章に、先生や家族などへの呼びかけの文章を書き、感想をもらう。

〈解説書〉

日記は、おもに今日の出来事や自分の気持ちを記録しておくためのものです。自分自身とお話をしながら書くことで、自分への贈り物になっていきます。

一方、作文は書いた後、先生や他の人に読んでもらうことが多くなるため、コミュニケーションの手段でもあります。どんな相手に、どんな目的で作文を書くのか。書き方を工夫すると、論理的な思考力も身につけることができるでしょう。

今日、紹介した原稿用紙には、５つの秘密が隠されています。

① 文章の型と字数の関係が、一目で分かるようになっています。
② 自分の気持ちを表す言葉として、オノマトペ・比ゆの例を紹介しています。
③ 分かりやすく伝えられるように、つなぎ言葉や箇条書きの方法を紹介しています。
④ 新しい気持ちのきっかけを、「　」を使って引用する方法を紹介しています。
⑤ 結びの文章として、誰かに呼びかける方法を紹介しています。

さあ、みなさん。作文ガイドに沿って各ステージをクリアし、今の気持ちを書いてみましょう。鉛筆の準備はいいですか。

今の気持ち

○年　●●●●

はじめ

今の気持ちを一言で書くと、
それはたとえると、○○のような感じです。
別の言い方をすると、

なか①

なぜなら、

また、

それから、

なか②

でも、これからは、（新聞・本・○○さん
等）が「▲▲▲」と言っていたように、

おわり

先生、今のぼくの気持ちが伝わったでしょ
うか。感想をもらえるとうれしいです。

20×20

## ⑴提出された作文

小五児童作文二点、中三生徒作文一点を紹介します。この作文は令和二年八月三十日付の南日本新聞紙上に掲載されました。同紙では一人一人にコメントを付けています。ここでは、紙幅の関係上、小五児童及び中三生徒へのコメントを紹介します。

今の気持ち

T小学校五年　K・M

今の気持ちを一言で書くと、悲しいです。

それはたとえると、しょぼんとした気持ちで別の言い方をするとざんねんです。

なぜなら、新がたコロナのえいきょうで、夏はどこにもいけないし、夏まつりもないのでとても悲しいです。

また、楽しみにしていた地いきの「十五夜ずもう」や、プールや、バーベキューまでなくなりました。

それから、コロナの関係でバレーの試合やみんなとの練習があまりできないので、とてもざんねんです。

でも、これからは、ニュースで小池知事さんが「一人一人ががいしゅつや手洗い・うがいなどに気を付けて」ということを言っていました。私は、気を付けたいと思います。

先生、今の私の気持ちが伝わったでしょうか。感想をもらえるとうれしいです。

20 × 20

今の気持ち

I中学校三年　O・K

今の気持ちを一言で書くと、イライラとムシャクシャと不安な気持ちと、悲しい気持ちが混ざったような気持ちです。

なぜなら、コロナウイルスの影響で中学年最後の年の行事が中止や延期になってしまいイライラむしゃくしゃしているからです。

また、学校の臨時休業があったことで入試への不安が自分の中で一段と大きくふくらんでいます。

それから、コロナウイルスで世界中のたくさんの人々が亡くなっていて、胸が痛く悲しい気持ちでいっぱいです。

でも、これからは、一人一人がコロナウイルスとしっかり向き合って、自分が感染しない、周りに感染させないという意識を持って手洗い・うがいなどをしていきたいです。

私と同じ中学三年生のみなさん、将来へ希望を抱いて、今できることをやりましょう。

20 × 20

今の気持ち

K小学校五年　T・S

今の気持ちを、一言で書くと、むしゃくしゃ。まるで、家に大事な物を忘れてしまった気分です。

なぜなら、先週の理科の時間に採った、めだかの卵から、まだ赤ちゃんが生まれてこないからです。

また、何びきか採っためだかからは、まだたまごも生まれません。毎日、水そうを見ていても、何も変わりがありません。

それから、毎日えさもあげているのに、何もおこりません。はやくめだかの赤ちゃんやたまごを見てみたいです。

でも、しっかりお世話をして大事に育てていきます。教科書の通りにいかなくても、毎日、観察をしていると新しいことが見つかると思います。

めだかを飼ったことがある人は、同じ気持ちになったことがないか読んでほしいです。

20 × 20

【小五児童へのコメント】

普段の学校生活でも、喜怒哀楽の感情が沸き起こります。Tさんは、めだかの卵が産まれないことを「大事な忘れ物をした気分」と書き出しています。「なか①」では、接続語を上手に使い、これまでの様子を簡潔に書いています。そして「なか②」では、「教科書の通りにいかなくても」、毎日「大事に育てていくこと」で「新しいことが見つかる」という積極的な気持ちへと変わっていきます。

生物を飼う難しさ、めだかへの思いが伝わってきます。

【中三生徒へのコメント】

冒頭に書いた「イライラ、ムシャクシャ、不安、悲しい気持ちが混ざったような気持ち」を、整理しながら書いている文章です。行事の中止や延期、入試、コロナで亡くなられた方への思いなどを、絡まった糸をほどくように書けています。そのため、読み手も同じ気持ちで読むことができます。

また、「不安がふくらむ」「胸が痛い」という比喩表現も効果的です。最後の「中学三年生のみなさん、今できることをやりましょう。」に、心打たれました。大人も負けてはおれませんね。

また、全体総評として、次のコメントを掲載しました。

【全体へのコメント】

合計一〇一点の作文を送っていただきました。題材は、コロナウイルス感染症関係のほか、学校生活のこともありました。気持ちが良く伝わってきて、元気をもらえる作文ばかりでした。

七月に紹介した原稿用紙には、長作文を書く上でも大切な要素がありました。それは、①構成と字数、②気持ちを表す言葉の選択・比喩表現、③接続語の使用、④引用・箇条書き、⑤読み手を意識することです。

共通して良かった点は①です。今後、長作文を書く時も気を付けると良いでしょう。（中略）⑤は、いつも大切にしたい点です。誰に向けて書くのか。顔見知りではなくても「〇〇な読み手」とイメージすることが大切です。「読み手」を意識すると、書く内容がはっきりします。今回の作文には「原田さんへ。作文を書いて、悔しかったことがすっきりしました。」と書かれたものもありました。

「特別な夏」が終わりました。思い出や気持ちを綴り、今の気持ちをあの人に伝えましょう。さあ、みなさん。原稿用紙の準備はできましたか。

県内のシェアが大きい新聞紙上での実践は現場からの反響が大きく、追跡調査もスムーズに行うことができました。指導した先生方からは、「五年生の子供たち全員が二〇分程度で書き終えた」「苦手としている子供がまたやりたいと日記に書いてくれた」「『手引き』『原稿用紙のワークシート』があったので、推敲・共有のポイントが絞れた」などの声を聞けました。

また、ある先生は五年授業の中で「今の気持ち」の短作文に取り組み、相互に推敲・共有をし合った友達が、新聞掲載されることになったことを素直に喜ぶ日記文を送ってくれました。新しい短作文指導法の効果について、確信がもてました。

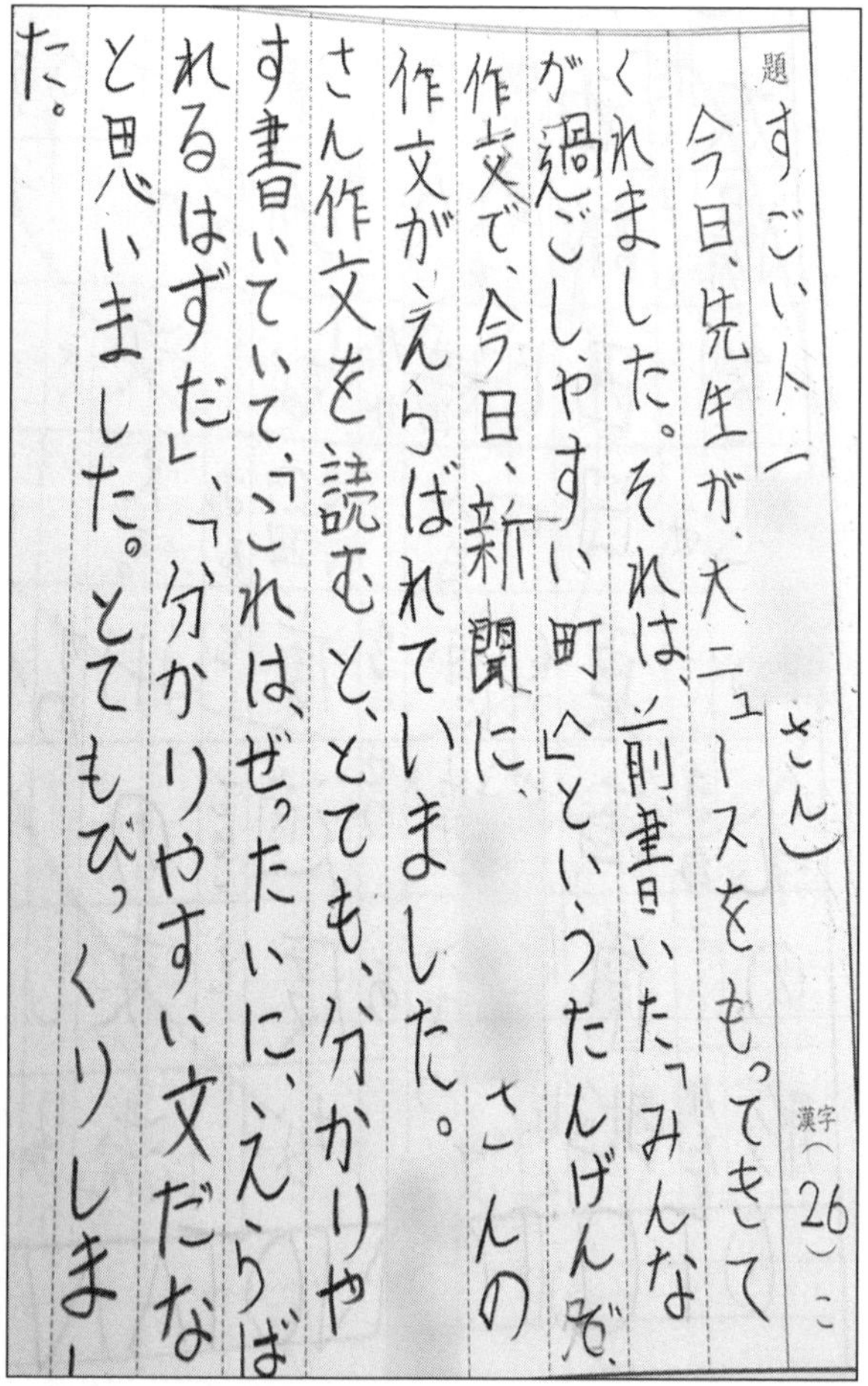
題 すごい人 漢字（26） こ　さん）

今日、先生が、大ニュースをもってきてくれました。それは、前書いた「みんなが過ごしやすい町へ」というたんげんで、作文で、今日、新聞に、　さんの作文がえらばれていました。さん作文を読むと、とても、分かりやす書いていて、「これは、ぜったいに、えらばれるはずだ」、「分かりやすい文だなと思いました。とても、びっくりしました。

## (2)「変容」「引用」「反論」の原理
### ―読み手を意識して情緒力・論理的思考力・語彙力の向上を図る短作文指導―

これまで述べてきたことを集約したいと思います。

**新しい短作文指導の構造**

○「読み手」を意識した新しい短作文
＝ A→A’ ＋ B ＋ C

●【書かれる内容】
- A ＝ 体験前の思い
- A’ ＝ 体験後の思い
- B ＝ 事実（体験，テキスト）の引用＋理由付け
- C ＝ 反論（反対意見の想定）
※高学年以上

●【内容を支える語彙力】
- 主に情緒力と関連…主述，文末，副詞，オノマトペ，比喩，語彙等
- 主に論理的思考力と関連…主述，接続語，文末，段落構成，語彙等

●【具体的な方法】
- 書く手順を示した「手引き」
- 実際に書くための「ワークシート」（原稿用紙）

もちろん、右図に示した構造が絶対的なものだとは全く思いません。むしろ、読者の皆様にとっては、あまりにも基本的な内容なので、驚かれたかもしれません。例えば、他の研究者が様々な立場からフィルターをかけますと、全く違う視点が浮かび上がることと思われます。

しかし、これまで数多くの子供たちの作文を読み、数多くの実践に取り組んできた筆者や、鹿児島国語教育研究会　原国会のメンバーにとって、この三原理は実践から生まれたものとして大切にしています。そして、この三原理が基本的なものだからこそ、文種や教材のジャンルを超えて、「書くこと」の指導を行う「原理」として使用することができると考えています。

本書の第2章以降では、この三原理をもとにした「手引き」と「ワークシート」四十五本を紹介します。いずれも実践の中から生まれたものです。しかし、これも一つのアイデアにしか過ぎません。

デジタル化の波の中で、「書くこと」が「打つこと」に読み替えられようとしている時代です。ぜひ、読者の皆様も三原理を活用した、四十六本目、四十七本目……の「手引き」や「ワークシート」を作成されてみてはいかがでしょうか。そして、教師自身が作文指導や「書くこと」の指導に、これまで以上に心を寄せてくださることを祈念しております。

# 6　本書の説明

第2章以降は、二ページ一まとまりで構成されています。

・一ページ目……単元の説明等、「手引き」・「ワークシート」の実際
・二ページ目……「手引き」・「ワークシート」の実際

また、参考資料として「語彙表」も活用しています。これは、原田ゼミ出身の蓮子翔太さんが作成したものです。「自分の伝えたいことを効果的に伝える力を高める生活文指導の研究」（令和二年度鹿児島大学教育学部国語科卒業論文）において、左記の「接続語一覧表」を作成しました。これは、『文章は接続詞で決まる』（石黒圭著、光文社新書、二〇〇八）を参考にしつつ、小学生の実態を分析し使用しやすいように簡略化されたものです。また、蓮子論文では、『感情表現辞典』（中村明編、東京堂出版、一九九三）における「喜・怒・哀・怖・恥・好・厭・昂・安・驚」の十種類の観点から「感情語彙表」も作成し、子供たちの気持ちにぴったりとくる語句を選択させるような「語彙表」も提案しています。いずれも、原国会の定例会でも紹介され、第2章の「手引き」「ワークシート」を作成する上で参考にしています。

| | |
|---|---|
| 順接 | だから　したがって　ゆえに　よって　そのため　それなら　それでは　そうすると　そうしたら　そうだとすると　そうだとしたら |
| 逆接 | しかし　それでも　ところが　それにもかかわらず　それなのに |
| 並列 | そして　それから　また　それに　そのうえ　しかも　かつ　および　ならびに |
| 対比 | 一方　それに対して　反対に　逆に |
| 列挙 | 第一に　第二に　一つ目に　二つ目に　まず　次に　さらに　最後に |
| 換言 | すなわち　つまり　ようするに　言い換えると　むしろ　かえって　そうではなく　かわりに |
| 例示 | 例えば　具体的に　実際　とくに　なかでも |
| 補足 | なぜなら　なぜかと言うと　ただし　ちなみに |
| 転換 | さて　ところで　では　それでは |
| 結論 | このように　こうして　以上　結局　とにかく　いずれにしても |

では、「初雪のふる日」（光村図書・四年下）を例にして、本書の特徴を説明していきましょう。

## (1)「単元の説明等」について

本単元は、単元名「読んで感じたことをまとめ、伝え合おう」・教材名「初雪のふる日」から構成される八時間単元で、単元終末には簡単な感想文を書いて共有することが求められています。

本教材の表現様式上の特徴として、「色彩語」「繰り返し」「修飾語」「対比」の言葉や表現、「現実と異界の往還構造」が挙げられます。児童には、自分の感想や考えが作品のどの特徴と結びついているかを考えさせ、二単位時間内で短い感想文を書かせることが必要です。そこで、「変容」に焦点を当てた短作文のモデルプランを、使いやすいように二ページに集約して提案しています。

21

一ページ目「手引き」

84

←焦点を当てた原理

変容　引用　反論

【4年・読むこと・単元「読んで感じたことを伝え合おう」】

## ダブルマップで整理しよう　「初雪のふる日」（光村図書）

←方法の明確化

▼1　**単元の特徴**

本教材の特徴として、「色彩語」「繰り返し」「修飾語」「対比」の言葉や表現、「現実と異世界の往還構造」が挙げられる。児童には、自分の考えや感想が作品のどの特徴と結びついているかを考えさせ、短作文による効果的な共有をさせていきたい。

▼2　**単元のねらい**

・作品の言葉や表現に基づいた感想や考えを短作文に書き、共有することで、感じ方等に違いがあることに気付くことができる。（思C(1)エオカ）

・様子や行動、気持ちや性格を表す語句を文章の中で使い、語彙を豊かにすることができる。（知(1)オ）

▼3　**単元の計画**

1〜6　学習計画設定、自分の感想と作品の表現や構造と結びつけながら読み進める。

7・8　「手引き・ワークシート」を使用し、自分の考えを書き表したものを、他者と共有することで、感じ方等に違いがあることに気付く。

←取り組む時間（二単位時間内）

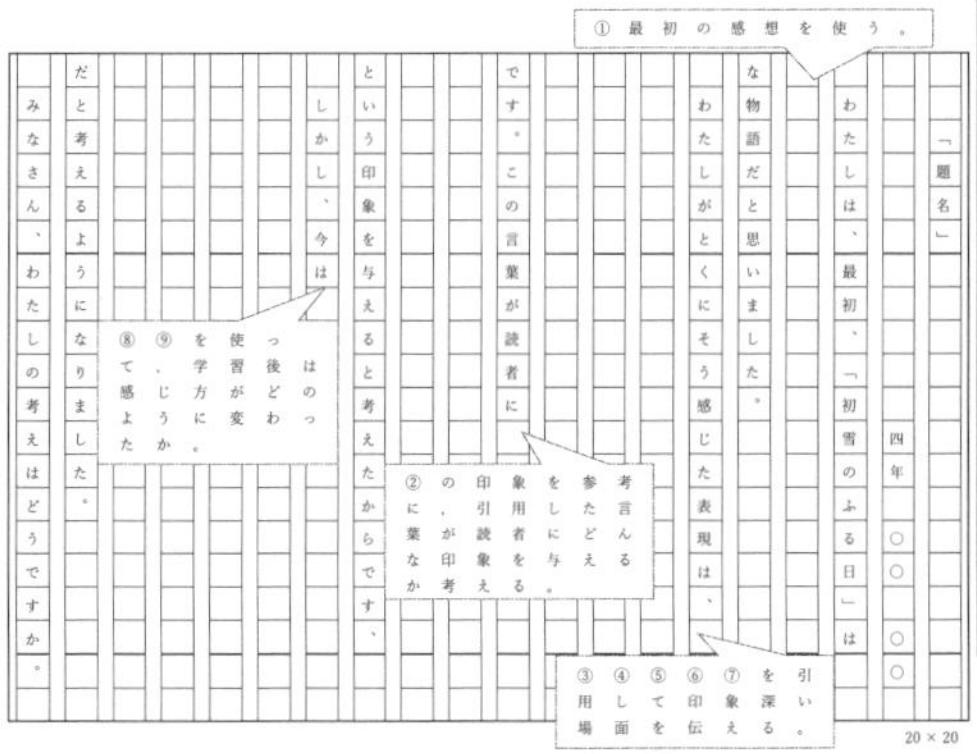


▼4　**手引き・ワークについて**

・手引きの特徴：自己の変容・作品の引用・「ダブルマップ」で整理し、考えを形成する。

・ワークシートの特徴：書き出し・接続語・読み手に留意して、記述・推敲・共有する。

この短作文では、児童の「変容」してきた感想や考えを書き表すことに重点を置いている。そこで自己の変容を可視化させる「ダブルマップ」を活用した手引きを作成した。ダブルマップは読み取りの授業の中で少しずつ埋めていくことを想定している。また、ワー　紙に何を書けばよいか　や接続語、読み手を　配布したい。

「手引き」と「ワークシート」については次項を参照。

## (2) 「手引き」「ワークシート」について

本書では、「手引き」と「ワークシート」の用語を、次のように区別しています。

| | |
|---|---|
| 「手引き」 | 主に「書くこと」の学習指導過程中の「設定、収集、検討、考えの形成」に対応している。子供は、情報の比較や整理等を行い易い「手引き」を使用する中で、作文の主題を明確にすることができる。 |
| 「ワークシート」 | 主に「書くこと」の学習指導過程中の「記述、推敲、共有」に対応している。子供は、短時間で書き込めるワークシートを使用する中で、意見や感想を伝え合い、自分の文章のよさを見つけることができる。 |

二ページ目
「手引き」

初雪のふる日

**ダブルマップで整理しよう**

名前

手順《じゅん》
①自分の考えや、作品から引用する言葉などを、ダブルマップで整理する。
②四〇〇字の原こう用紙に書く。
③友達《だち》と交かんして読み合い、感想を交流する。
④短作文の書き方をふり返る。

←手順の明確化

**(1) ダブルマップで整理してみよう。**

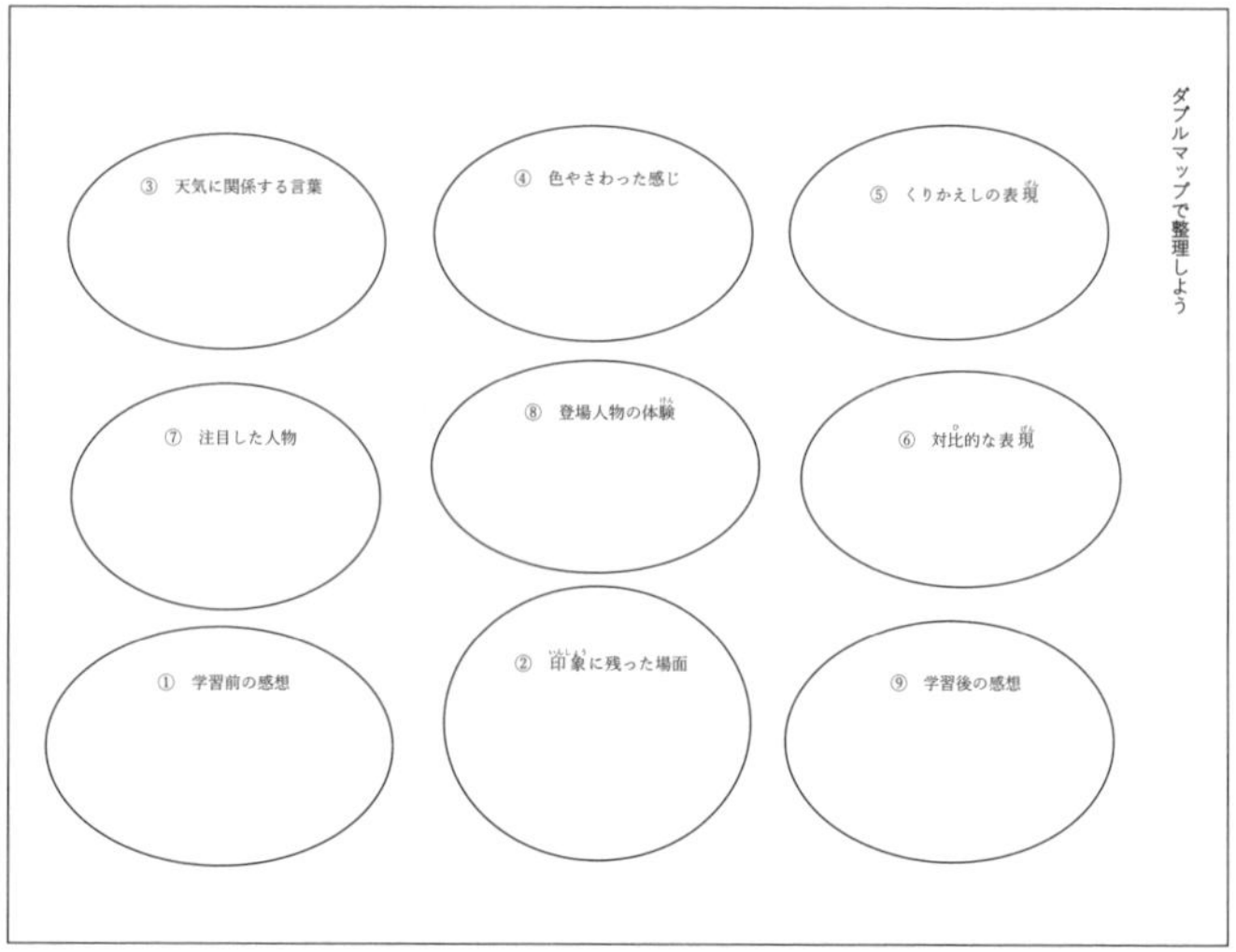


**(2) 原こう用紙に書いてみよう。**

←情報の整理、主題の明確化が図れるように、学年の実態に応じた次のヒント(例)を掲載。
・自分の名前
・印象に残った場面
・学習前後の自分(気持ち)
(気持ちを書く順番は学習前→学習後でも構わないが、学習後の現在の気持ちから書かせると、よりスムーズに書ける場合が多い。)
※ここまでが、学習前後の自分の変容を書き記すヒント(例)になっている。主題の明確化につながる。
・季節・時間
・登場人物の体験
・注目した人物
・表現・言葉
※ここまでが、物語の三要素(舞台・事件・人物)を整理したり、表現上の特徴を整理したりするヒント(例)になっている。情報の収集や比較、整理をすることにつながる。

○○小　四年

最初、とてもこわい物語だと思いました。

作品中の表現が、こわさを大きくします。

でも、学習後の今は、
を感じています。
とにています。

皆さん、ぼくの考えはどうですか。

20 × 20

自分の知恵でのりこえる

○○小　四年　原田　義則

最初、とてもこわい物語だと思いました。
もし、少女がこのまま雪うさぎにさらわれ、
世界の果てで小さい雪のかたまりになったら
どうしよう。この後も、雪うさぎたちがやっ
てきたらどうしようと思いました。
作品中の表現が、こわさを大きくします。
うさぎの白は、雪の白
かた足、両足、とんとんとん
まるで、くり返されるじゅ文です。そして、
ふりしきる雪、つむじ風、もみの森、こおっ
た湖という言葉。読んでいるうちに、ぼくの
気持ちもこおった気がしました。
でも、学習後の今は、違う意味の「こわさ」
を感じています。台風や大雨に対する気持ち
とにています。毎年やってくる冬のきびしさ
を受け止め、少女のように自分の知恵で乗り
こえていきたいと考えるようになりました。
皆さん、ぼくの考えはどうですか。

20 × 20

子供の感想文←書き出し・文末・接続語・段落構成を意識させるワークシート

「ワークシート」については、一ページ目に縮小して掲載していますが、再度紹介します。子供たち全員が書きやすいように、書き出し・文末・接続語・段落構成について意識できるように言葉を書き入れた原稿用紙です。もちろん、学級や子供たちの実態に応じて、このヒントの増減が必要です。使用される場合は、ぜひアレンジをしてください。

また、字数については、学年×一〇〇字程度を目安にしています。上記のワークシートは、四年生対象ですので、四〇〇字詰めの原稿用紙を使っています。

第2章では、これらの条件を意識し、原則として原稿用紙をベースにした「ワークシート」を提案しました。これも、実態に応じてアレンジを加えてくださると幸いです。

繰り返しになりますが、「ワークシート」の「形」が重要なのではなく、「どのようなヒントを出せば子供たちが喜んで書くようになるか」という点がポイントです。私たち大人でも、真っ白な用紙に向かうときは、苦痛を感じますね。

なお、推敲・共有の際は、「手引き」として使用した「ダブルマップ」を用いて語らせました。

最後に、第2章には次ページの言語活動に対応するように、全四十五プランを収載しています。本書が、全国の国語教室で活用されますことを祈念しております。

表5　『平成29年版　小学校学習指導要領解説・国語編』「言語活動例」と
本書の「手引き・ワークシート」一覧

| ●低学年<br>「書くこと」<br>「読むこと」の言語活動例 | ●中学年<br>「書くこと」<br>「読むこと」の言語活動例 | ●高学年<br>「書くこと」<br>「読むこと」の言語活動例 | ●短作文に要する文字数<br>●留意した事項 |
|---|---|---|---|
| ①書・イ　「日記・手紙」 | ③書・ア　「報告」 | ⑥書・ア　「意見」 | ・学年×100字を基準とする。<br>・「手引き」は，情報の整理等を通して，自分の考えの形成に資する内容とする。<br>・「ワークシート」は，自分の考えを効果的に書くことに資する内容とする。なお，「ワークシート」は原則として原稿用紙を使用する。<br>・「読むこと」「書くこと」の単元に対応する。<br>・２単位時間以内で終了するように計画する。 |
| 三原理：主に「変容」 | 三原理：主に「引用」 | 三原理：主に「反論」 | |
| ②読・イ　「感想」 | ④書・ウ　「創作」 | ⑦書・ウ　「提案・意見」 | |
| 三原理：主に「変容」 | 三原理：主に「変容」 | 三原理：主に「引用」・「反論」 | |
| | ⑤読・アイ「考え・説明」 | ⑧読・アイ「考え・説明」 | |
| | 三原理：主に「変容」・「引用」 | 三原理：主に「引用」 | |

（原田義則）

註

（1）平成十六年二月三日　文化審議会答申「これからの時代に求められる国語力について」において「情緒力」とは、「相手の気持ちや文学作品の内容・表現、自然や人間に関する事実などを感じ取ったり、感動したりできる力」、「美的感性、もののあわれ、名誉や恥といった社会的・文化的な価値にかかわる感性・情緒を自らのものとして受け止め、理解できる力」等とされた。

（2）原田義則（二〇一五、二〇一六、二〇一七）「鹿児島県の小学校における『書くこと』の教育史（1）〜（3）」、鹿児島大学教育学部教育実践研究紀要

（3）川上繁（一九八二）、井上敏夫他編『新作文指導事典』第一法規出版

（4）田中俊弥（二〇一八）、田近洵一・井上尚美他編『国語教育指導用語辞典』教育出版

（5）大西道雄『意見文指導の研究』溪水社、一九九〇

（6）大西道雄（二〇一八）、前掲書『国語教育指導用語辞典』

（7）井上尚美『思考力育成への方略―メタ認知・自己学習・言語論理』明治図書、一九九八

（8）「わくわく作文塾」については、原田義則著・編集、鹿児島国語教育研究会　原国会著『書くことが大好きになる！「選択」と「対話」のある作文指導』明治図書、二〇一九に詳しい。

（9）本書で紹介した児童作文の全文は、前掲書『書くことが大好きになる！「選択」と「対話」のある作文指導』に

所収されている。

(10)「鹿児島国語教育研究会　原国会」の会員は、令和四年五月一日現在、七十五名。月例会の中で毎回のように出される声を集約したものから、抜粋した。

(11)詳しくは、原田義則・上原孝夫・永野佑樹「国語科授業における論理的思考力の育成―協働的学習の視点から―」、鹿児島大学教育学部実践研究紀要第二十七巻、二〇一八　及び原田義則「論理的思考力を育成する小学校国語科授業の設計―小学校五年生の実態調査から―」、鹿児島大学教育学部実践研究紀要第二十八巻、二〇一九を参照。

(12)井上尚美『言語論理教育への道』文化開発社、一九七七　及び井上尚美『言語論理教育入門』明治図書、一九八九

(13)難波博孝「論理・論証の妥当性について（自由研究発表）」『全国大学国語教育学会国語科教育研究　大会研究発表要旨集』、二〇一〇

(14)当日の講義の様子は、平成三十年八月八日付及び令和三年六月二十四日付の南日本新聞記事「新聞記事で意見主張、観戦者が投票」「新聞記事を読み思い主張」でも大きく紹介された。

(15)ダン・ロスステイン、ルース・サンタナ著、吉田信一郎訳『たった一つを変えるだけ　クラスも教師も自立する「質問づくり」』新評論、二〇一五

# 第2章

# 新しい短作文のモデルプラン45

［1年・読むこと・単元「おもいうかべながら　よもう」］

# 1 そうぞうしたことを　かこう 「くじらぐも」（光村図書）

## ▼1 単元の特徴

本教材は、登場人物の会話や行動を具体的に想像したり、内容の大体をとらえたりすることを通して、読んで想像したことを伝え合う活動を行う。最初に想像したことと、内容を読み進めた後で想像したことを考えさせ、短作文による効果的な共有をさせていきたい。

## ▼2 単元のねらい

・場面の様子に着目して、登場人物の行動を具体的に想像することができる。（思C(1)エ）

・かぎ（「　」）の使い方を理解して文や文章の中で使うことができる。（知(1)ウ）

## ▼3 単元の計画

1～6　はじめの感想を書き、学習計画設定、想像したことを手引きに書きながら、教材を読み込んでいく。

7・8　「手引き・ワークシート」を使用し想像したことを書き表したものを、他者と共有し、互いの考えを知る。

## ▼4 手引き・ワークシートについて

・手引きの特徴：自己の変容を「手引き」で整理し、考えを形成する。

・ワークシートの特徴：書き出しに留意して記述・推敲・共有する。

この短作文では、児童の「変容」してきた感想や考えたことを書き表すことに重点を置いている。そこで、「○○さんへ、手紙を書こう」（注1）を活用して、自己の変容を可視化させる「そうぞうしたことをかこう」を作成した。これは、想像したことを詳しく伝えるために、観点を設けて、整理するためのものである。また、ワークシートとして原稿用紙に書き出し・接続語を加えた上で児童に配布したい。

（下図参照）

（注1）原田義則編著・原国会著『「選択」と「対話」のある作文指導』明治図書、二〇一九

小　なまえ
○さいしょは
○しかし

○○な空のたび（ごくの　れい）
たのしい・こわい・おもしろい・ふしぎな・わくわくする・ほっとした・どきどきする

くじらぐも

# そうぞうしたことを　かこう

名《な》まえ

手《て》じゅん

①はじめに　よみ、空《そら》のたびを　そうぞうして、かんそうを　げんこうようしに　かく。

②「くじらぐも」の　がくしゅうの　さいごに、がくしゅうして　そうぞうしたことを　まとめ、かんそうを　かく。

③ともだちと　こうかんして　よみあい、かんそうを　こうりゅうする。

④たんさく文《ぶん》の　かきかたを　ふりかえる。

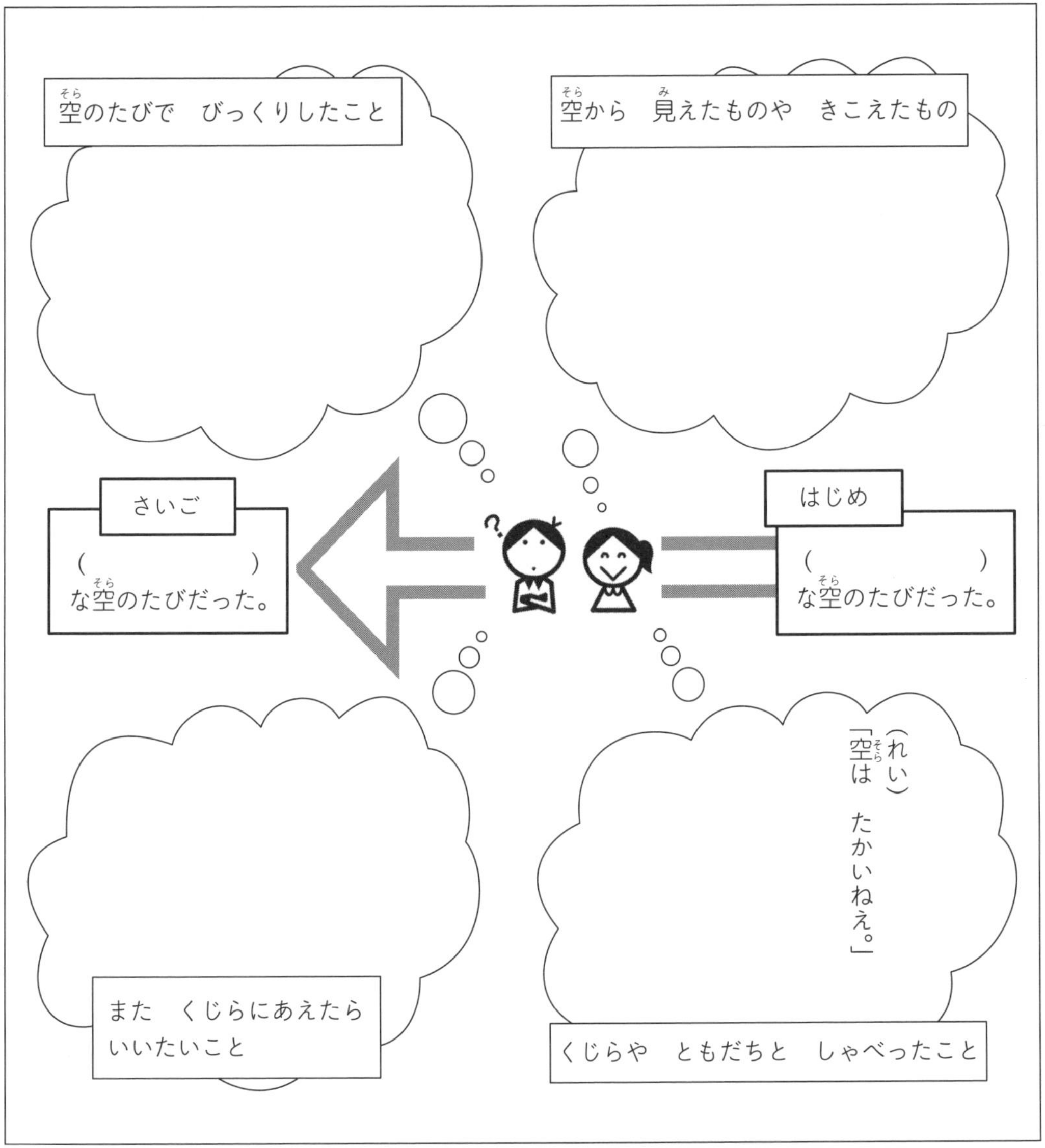

［1年・読むこと・単元「すきなところを見つけよう」］

# さいしょのじぶんと　くらべてみよう　2

「たぬきの糸車」（光村図書）

## ▼1　単元の特徴

本教材は、登場人物の行動を具体的に想像したり、内容の大体をとらえたりすることを通して、好きな場面を見つけ紹介し合う活動を行う。最初に読んだ後に感じた好きな場面と理由、学習を進め深く読み込んだ後の好きな場面と理由を短作文にし、変容を可視化させていきたい。

## ▼2　単元のねらい

・場面の様子に着目して、登場人物の行動を具体的に想像することができる。（思C(1)エ）
・場面の様子や登場人物の行動など、内容の大体を捉えることができる。（思C(1)イ）

## ▼3　単元の計画

1～6　学習計画設定、好きな場面を手引きに書き、教材を読み込んでいく。
7・8　「手引き・ワークシート」を使用し自分の考えを書き表したものを、他者と共有することで自分の変容を可視化し、他者の感じ方等と違いがあることに気付く。

## ▼4　手引き・ワークについて

・手引きの特徴：自己の変容を「手引き」で整理し、考えを形成する。
・ワークシートの特徴：読み手に留意して、記述・共有する。

この短作文では、児童の「変容」してきた感想や考えを書き表すことに重点を置いている。そこで、自己の変容を可視化させる「『思い出の写真』を見て、今の自分と比べよう」（注1）を活用した手引きを作成した。これは、本単元を初めて学習した後の好きな場面とその理由が、学習後にどのように変容したかについて整理するものである。また、ワークシートとして一〇〇字原稿用紙に、書き出し、接続語を書き加えた上で児童に配布したい。（下図参照）

○○なはなしをあらわすことば
・こわい
・おもしろい
・ふしぎな　・たのしい
・こころあたたまる

小　なまえ
○さいしょは
○しかし

たぬきの糸車

# さいしょのじぶんと　くらべてみよう

名《な》まえ

手《て》じゅん

①さいしょに　よんだあとに、すきなばめんと　りゆうを　かく。「たぬきの糸車」の　がくしゅうの　さいごに　また、すきなばめんと　りゆうを　かく。

②一〇〇字《ひゃくじ》の　げんこうようしに　かんそうを　かく。

③ともだちと　こうかんして　よみあい、かんそうを　こうりゅうする。

④たんさく文《ぶん》の　かきかたを　ふりかえる。

(1)

◎「はじめてよんで　すきだったばめん」と　「いままでべんきょうをしてきて　すきになったばめん」をくらべよう。

①「はじめてよんで　すきだったばめん」のえと、どうしてそこがすきなのか　りゆうをかこう。

え

②「いままでべんきょうをしてきて　すきになったばめん」のえと、どうしてそこがすきなのか　りゆうをかこう。

え

(2) げんこうようしに　かいてみよう。

［1年・書くこと・単元「てがみを　かこう」］

# ○○さんへ、できるようになったことを　てがみで　つたえよう

「てがみで　しらせよう」（光村図書）

3

## ▼1 単元の特徴

本教材文の特徴は、「手紙」という形式にある。手紙には特定の相手が存在するため、児童には、「誰に手紙を書くのか」という「相手意識」を明確にもたせる必要がある。また、設定した相手に応じて、「どのような内容を伝えるのか」について考えさせてきたい。

## ▼2 単元のねらい

・伝える相手を明確にして、伝える内容や言葉を選びながら手紙を書き、書いた手紙を見直して間違いを正したり、語と語や文と文との続き方を確かめたりすることができる。（思B(1)ウエ）

・丁寧な言葉と普通の言葉との違いに気を付けて使うとともに、敬体で書かれた文章に慣れることができる。（知(1)キ）

## ▼3 単元の計画

1～3　手紙を書いたりもらったりした経験の想起、学習計画設定、モデル文の読解。

4・5　「手引き・ワークシート」を使用し、手紙を送る相手を設定したり相手に応じた内容を選択したりしながら手紙形式の短作文を書く。また、書いた短作文を推敲する。

6　短作文をもとに、手紙を書く。

## ▼4 手引き・ワークシートについて

・手引きの特徴：相手を設定する、自己の変容をとらえる、伝える内容を選択する。

・ワークシートの特徴：書き出し・接続詞・読み手に留意して、記述・推敲する。

手紙形式の短作文は、児童の「変容」してきた自分（成長）を書き表すことに重点を置いている。そこで、自己の変容を可視化させる手引きを作成した（注1）。これは、送る相手、これまでの学校生活で変容してきた自分（成長）、伝える内容を整理するものである。また、ワークシートとして一〇〇字原稿用紙に、読み手・書き出し・接続語を書き加えた上で児童に配布したい。（下図参照）

**ことば　れい**
・まえは　・いまは
・でも　・けれども
・できたよ　・うまくなったよ

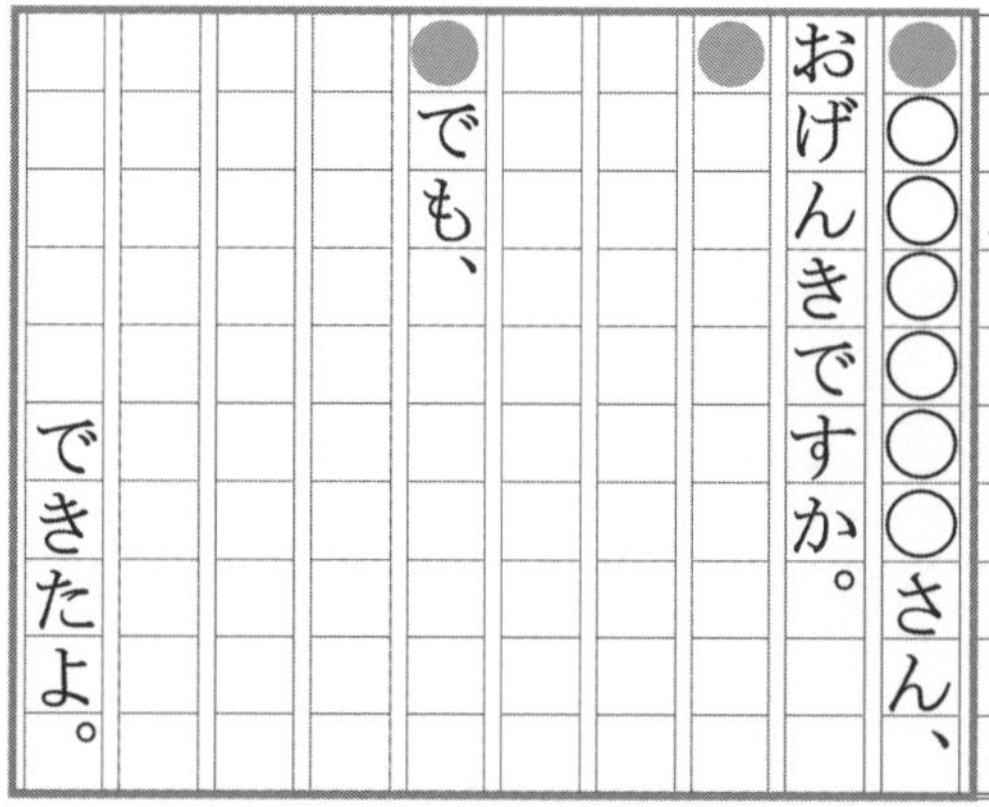

てがみで　しらせよう

# ○○さんへ、できるようになったことを　てがみで　つたえよう

名《な》まえ

手《て》じゅん

①できるようになったことを　つたえたい　あいてを　きめる。
②「れい」のように　できるようになったことを　ふき出《だ》しの　中《なか》に　かく。
③ふき出《だ》しの　中《なか》から、つたえたいことを　一《ひと》つ　えらんで　一〇〇《ひゃく》字《じ》の　げんこう　ようしに　てがみを　かく。
④かいた　てがみを　こえに　出《だ》しながら　よむ。そして、できるようになったことが　つたわるか　見《み》なおす。

（１）「もくもく　まっぷ」で　せいりしよう。

（２）げんこうようしに　かいてみよう。

［1年・書くこと・単元「おもい出して　かこう」］

# 4 気《き》もちのへんかを　あらわそう　「いいこといっぱい、一年生」（光村図書）

## ▼1　単元の特徴

本単元は、一年間を振り返って、自分の成長を実感できる「書くこと」の単元である。四、五文程度の文章を書くこと、かぎ（「　」）を適切に使って書くこと、したこと・あったこと（事実）と思ったこと（感想）を書くことの三つを含んだ短作文を書かせたい。

## ▼2　単元のねらい

・経験したことから書くことを見付け、必要な事柄を集めたり確かめたりして、自分の思いが明確になるように、事柄の順序に沿って簡単な構成を考えることができる。（思B(1)アイ）

・言葉には、経験したことを伝える働きがあることに気付くことができる。（知(1)ア）

## ▼3　単元の計画

1～3　単元の見通しをもち、教科書の作例の読解をし、一年の思い出を出し合う。

4～9　「手引き・ワークシート」を使用し、自分の書きたいことに必要な事柄を集め、短作文に書く。他者と共有し、互いの文章を推敲する。実態に合わせて、二、三種類の短作文を書く。

10　表紙をつけて、「おもい出アルバム」を完成させる。

## ▼4　手引き・ワークについて

・手引きの特徴：「最初の気持ち」と「最後の気持ち」に書いて、自己の変容に気付く。

・ワークシートの特徴：書き出し、接続語に留意して記述・推敲・共有する。

この短作文では、児童の「変容」した気持ちを書き表すことに重点を置いている。そこで、自己の変容を可視化させるような手引きを作成した。（下図参照）これは、児童の書きたい思い出の前後で気持ちがどのように変容したかを整理するものである。また、ワークシートとして、一〇〇字原稿用紙に書き出し・接続語を書き加えたものを児童に配布したい。

いいこといっぱい、一年生

# 気《き》もちのへんかを　あらわそう

名《な》まえ

手《て》じゅん

①さいしょの　気《き》もちと　さいごの　気《き》もちを　おもい出《だ》して、ふき出《だ》しに　かく。

②じぶんの　かきたい　出《で》きごとについて　おもい出《だ》して、一〇〇《ひゃく》字《じ》の　げんこうようしに　かく。

③ともだちと　こうりゅうして　よみあい、かんそうを　こうりゅうする。

④たんさく文《ぶん》の　かきかたを　ふりかえる。

**気《き》もちをあらわすことば**

たのしい・おもしろい・わくわくする・どきどきする・ほっとする・うきうきする

おどろく・気《き》に入《い》る・こわい・しんぱいする・さびしい・おろおろする

　　小　名まえ

○　月に

○さいしょは

○すると

［2年・書くこと・単元「思い出して書こう」］

# できごとを　思《おも》い出して　書《か》こう　「きょうの　できごと」（光村図書）

5

## ▼1　単元の特徴

本教材文の特徴は、「日記」という形式にある。本単元を通して日記を書く力を育成するために必要な学習過程として、「題材の設定」「構成の検討」「記述」「推敲」「共有」が挙げられる。児童には、かぎ（「　」）を適切に使い、したこと・あったこと、思ったことを含んだ二〇〇字程度の短作文を書かせたい。

## ▼2　単元のねらい

・経験したことから書くことを見付け、伝えたいことを明確にすることができる。（思B(1)ア）
・語と語や文と文との続き方に注意することができる。（思B(1)ウ）

## ▼3　単元の計画

1・2　学習計画設定、モデル文の紹介、学習の見通しを立てる。
3・4　「手引き・ワークシート」を使用し、自分の考えを書き表したものを、他者と共有することで、感じ方等に違いがあることに気付く。

## ▼4　手引き・ワークシートについて

・手引きの特徴：出来事を「ダブルマップ」で整理し、考えを形成する。
・ワークシートの特徴：書き出し・接続語・読み手に留意して、記述・推敲・共有する。

日記形式の短作文は、児童の経験した出来事や気持ちを書き表すことに重点を置いている。そこで自己の変容を可視化させる「ダブルマップ」（注1）を活用した手引きを作成した。これは、児童の書きたい思い出の前後でどのように変容したかを整理するものである。

また、ワークシートとして原稿用紙に、書き出し・接続語を書き加えた上で児童に配布したい。（下図参照）

**気もちをあらわすことば**
わくわくする・ほっとする・気もちがいい・さっぱりする・へいき・おどろく・どきどきする・しんぱいする・おろおろする

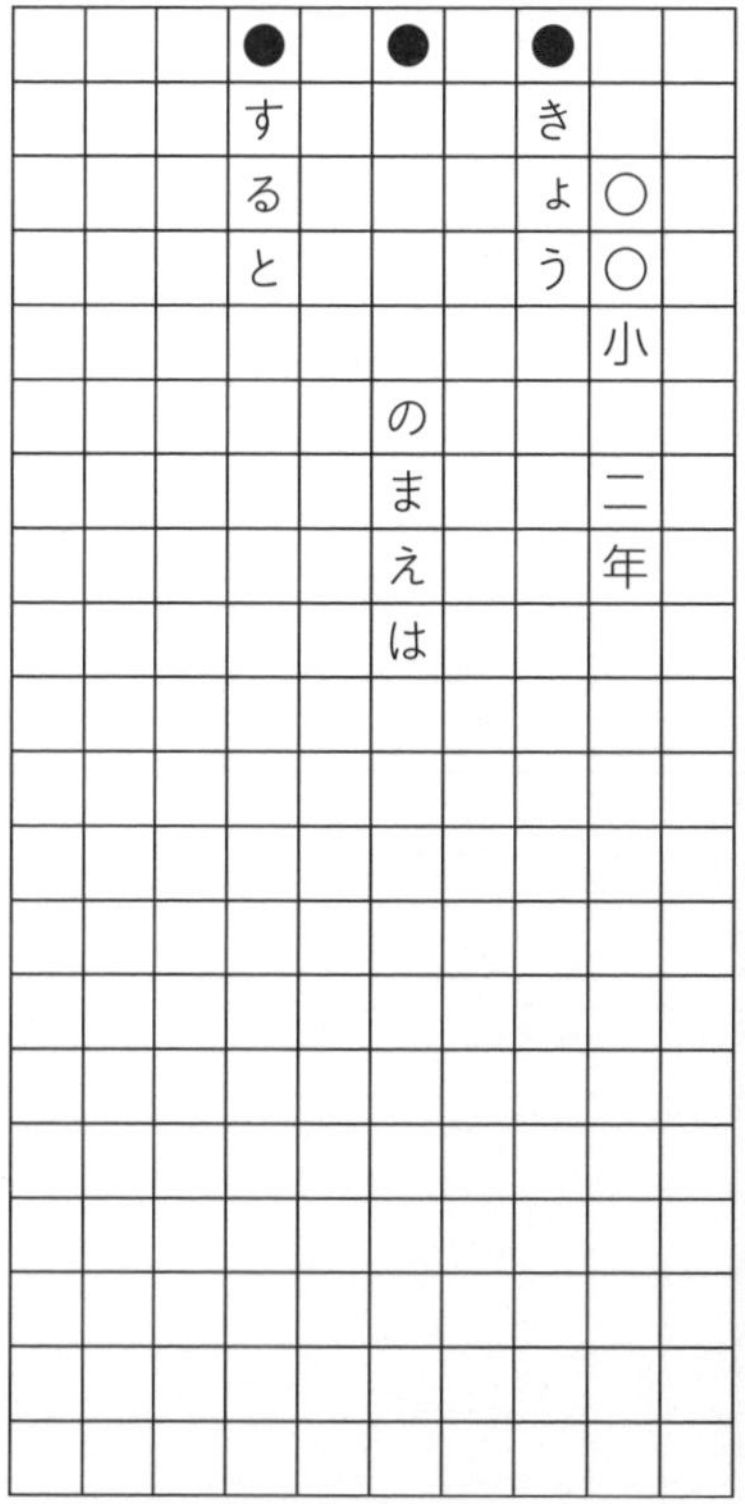

きょうの　できごと

# できごとを　思《おも》い出して　書《か》こう

名前《まえ》

手じゅん

①書《か》きたいことを　思《おも》い出しながら、できごとや　その時《とき》の　気もちを、ダブルマップで　せい理《り》する。

②二〇〇字の　原《げん》こう用紙《ようし》に　書《か》く。

③友《とも》だちと　交《こう》かんして、かんそうを　つたえる。

④たん作《さく》文の　書《か》き方《かた》を　ふりかえる。

（１）ダブルマップで　せい理《り》しよう。

【書《か》きたいことを　思《おも》い出して　書《か》こう】

だい名

⑧した後《あと》の気もち

⑦その時《とき》　見たこと・聞《き》いたこと

⑤何《なに》をした

①しゅ人公《こう》（自分《じぶん》）の名前《まえ》

⑥する前《まえ》の気もち

③どこで

②いつ

④だれと

（２）原《げん》こう用紙《ようし》に　書《か》いてみよう。

変容　引用　反論

# 6

［2年・書くこと・単元「組み立てを考えて書き、知らせよう」］

## ざいりょうを　あつめて　くわしく　つたえよう

「こんなもの、見つけたよ」（光村図書）

### ▼1　単元の特徴

本教材は、興味をもった身の回りのものについて、事柄の順序に沿って簡単な構成を考えて文章にまとめることが特徴である。児童には、見つけたものを詳しく取材して、「はじめ」「中」「終わり」の簡単な構成を考えさせ、短作文による効果的な共有をさせていきたい。

### ▼2　単元のねらい

・事柄の順序に沿って簡単な構成を考え、文章に対する感想を伝え合うことができる。（思B(1)イオ）

・句読点の打ち方、かぎ（「　」）の使い方を理解して文や文章の中で使うことができる。（知(1)ウ）

### ▼3　単元の計画

1・2　学習計画設定、学習の見通しを立てる。

3～6　「手引き」を使用し、見つけたものやたずねたこと等をメモする。

7～10　「ワークシート」を使用し自分の考えを書き表したものを、他者と共有することで、自分や友達の文章のよさに気付く。

### ▼4　手引き・ワークについて

・手引きの特徴：「はじめ」「中」「終わり」・観察の観点で整理し、考えを形成する。

・ワークシートの特徴：書き出し・読み手に留意して、記述・推敲・共有する。

手紙形式の短作文は、相手意識が強く表れ、伝えたい気持ちを高めることができる。その意欲を生かしながら、見つけたものを詳しく伝えられるように、「ざいりょうをあつめてつたえよう」を作成した。これは見つけたものを詳しく伝えるために、観点を設けて材料を集め、情報を整理するものである。また、ワークシートとして二〇〇字原稿用紙に、書き出し・読み手を書き加えた上で児童に配布したい。（下図参照）

**ようすをあらわすことば**

・まるで～みたい　・ぎざぎざ　・あまいにおい　・パチパチ
・～のような　・つるつる　・ぽとん　・さらさら
・～と同じくらい　・きらきら　・ドーン　・ゴーゴー

○○さんへ
わたしは、
を見つけました。
それは、　　　　。
○○にきいてみたら、
「　　　」
と教えてくれました。
○○さんも、

○○より

| （はじめ） | （中） | （おわり） |
|---|---|---|
| ①友だちの名前<br>②いつ、どこで、何を見つけたかを書く。 | ③見つけたものをくわしく書く。<br>・色、大きさ、形、音、においなど<br>・たずねたこと | ④友だちへつたえたい気もちを書く。<br>⑤自分の名前 |

こんなもの、見つけたよ

# ざいりょうを　あつめて　くわしく　つたえよう

名前《まえ》

手じゅん

①見つけたものや　気づいたこと、たずねたことなどを　「ざいりょうをあつめてつたえよう」で　せい理《り》する。

②二〇〇字の　原《げん》こう用紙《ようし》に　書《か》く。

③友《とも》だちと　交《こう》かんして、かんそうを　つたえる。

④手紙《がみ》の　書《か》き方《かた》を　ふりかえる。

**（1）「ざいりょうをあつめてつたえよう」で　せい理《り》しよう。**

**【ざいりょうをあつめてつたえよう】**

はじめ

見つけたもの（いつ・どこで・何《なに》を）

中

気づいたこと
（大きさ・色《いろ》・形《かたち》・数《かず》・長《なが》さ・さわったかんじ・におい・音・〜みたい・〜くらい　など）

（　　　　　）にたずねたこと

見つけたもの　の　絵《え》

おわり

○○さんにつたえたい気もち

さんへ

**（2）原《げん》こう用紙《ようし》に　書《か》いてみよう。**

［2年・読むこと・単元「読んで考えたことを話そう」］

# 7 ダブルマップで　自分《じぶん》の考《かんが》えを　書《か》こう

「どうぶつ園のじゅうい」（光村図書）

## ▼1　単元の特徴

本教材の表現様式上の特徴として、「時間を表す言葉」を使いながら、一日の仕事を時間の順序で書き表していることが挙げられる。児童には、教材文と自分の経験とを結びつけさせながら、自分の考えの変容を整理させ、短作文による効果的な共有をさせていきたい。

## ▼2　単元のねらい

・時間的な順序を考えながら内容の大体を捉え、文章の内容と自分の経験とを結び付けて、感想をもつことができる。（思C(1)アオ）

・共通、相違、事柄の順序など情報と情報との関係について理解することができる。（知(2)ア）

## ▼3　単元の計画

1・2　学習計画設定、「手引き」を使用し、初発の感想を書く。

3～7　時間の順序を表す言葉に気を付けながら読み進める。

8～12　「手引き・ワークシート」を使用し自分の考えを書き表したものを、他者と共有することで、感じ方等に違いがあることに気付く。

## ▼4　手引き・ワークについて

・手引きの特徴：自己の変容・作品の引用・自分の経験との比較で整理し、考えを形成する。

・ワークシートの特徴：書き出し・接続語・読み手に留意して、記述・推敲・共有する。

この短作文では、児童の「変容」してきた感想や考えを書き表すことに重点を置いている。そこで、自己の変容を可視化させる「ダブルマップ」（注1）を活用した手引きを作成した。これは、身の回りのことと比べながら教材文を読み、考えが変容したことを整理するものである。また、ワークシートとして二〇〇字原稿用紙に、書き出し・接続語を書き加えた上で児童に配布したい。（下図参照）

つなぎことば
・どうしてかというと
・りゆうは
　～からです
・でも
・けれど
・わたしは～けど
・わたしも～
・これからは
・こんどは

○○小　二年
じゅういさんのしごとで、

どうしてかというと、
からです。
じゅういさんは、
しごとをしています。
これから、

| （はじめ） | （中） | （おわり） |
|---|---|---|
| ①じゅういさんのしごとで、おどろいたこと・もっと知りたいことを書く。<br>②自分のみの回りのことくらべて、①の理ゆうを書く。 | ③じゅういさんのしごとを、きょうかしょからさがして書く。 | ④これから、どうしていきたいかを書く。 |

どうぶつ園のじゅうい

# ダブルマップで 自分《じぶん》の考《かんが》えを 書《か》こう

名前《まえ》

手じゅん

①じゅういさんの しごとで、おどろいたことや もっと知《し》りたいこと、みの回《まわ》りと くらべたことなどを、ダブルマップで せい理《り》する。
②二〇〇字の 原《げん》こう用紙《ようし》に 書《か》く。
③友《とも》だちと 交《こう》かんして、かんそうを つたえる。
④たん作《さく》文の 書《か》き方《かた》を ふりかえる。

**（1）ダブルマップで せい理《り》しよう。**

**【書《か》きたいことを形《かたち》にしよう】**

この作《さく》文のだい名

じゅういさんのしごとで

えらぼう！

①はじめて知《し》って おどろいたこと

①もっと 知《し》りたいこと

③これから どうしていきたいか

②みの回《まわ》りの こととくらべて

にているかな？ちがうかな？

**（2）原《げん》こう用紙《ようし》に 書《か》いてみよう。**

8

［2年・読むこと・単元「お話を　読んで、しょうかいしよう」］

# ダブルマップで　せい理《り》しよう　「スイミー」（光村図書）

## ▼1　単元の特徴

本教材の表現様式上の特徴として、「行動描写」「会話文」「色彩語」「比喩表現」が挙げられる。児童には、自分の考えがどの表現と結びついているかを考えさせ、短作文を書かせることを通して、物語の何を紹介したいのかを明確にさせていきたい。

## ▼2　単元のねらい

・場面の様子に着目して、登場人物の行動を想像しながら紹介する文章を書き、共有することで、感じ方に違いがあることに気付くことができる。（思C(1)エオカ）

・行動や気持ち、様子を表す言葉を表す語句を文章の中で使い、語彙を豊かにすることができる。（知(1)オ）

## ▼3　単元の計画

1～7　学習計画設定、自分の感想と作品の表現や構造と結びつけながら読み進める。

8・9　「手引き・ワークシート」を使用し自分の考えを書き表したものを、他者と共有することで、感じ方等に違いがあることに気付く。

## ▼4　手引き・ワークシートについて

・手引きの特徴：自己の変容を「ダブルマップ」で整理し、考えを形成する。

・ワークシートの特徴：書き出し・接続語・読み手に留意して、記述・推敲・共有する。

この短作文では、児童の「変容」してきた考えを書き表すことに重点を置いている。そこで、自己の変容を可視化させる「ダブルマップ」（注1）を活用した手引きを作成した。これは、最初の考え（紹介したい内容の中心）と学習後の考えがどのように変容したかについて整理するものである。また、ワークシートとして二〇〇字原稿用紙に、書き出し・接続語を書き加えた上で児童に配布したい。（下図参照）

**気もちをあらわすことばのれい**

・おもしろい　・たのしい　・気に入る
・わくわくする　・ほっとする　・へいき
・よろこぶ　・おどろく　・こわい
・しんぱいする　・さびしい　・かなしい
・くるしい　・おろおろする

だい名
○○小　二年
○わたしは「スイミー」を読んで、さいしょ
というところをしょうかいしたいとおもいま
した。しかし、いま、しょうかいしたいのは
です。なぜかというと、
だからです。

スイミー

# ダブルマップで　せい理《り》しよう

名前《まえ》

手じゅん

①さいしょに、自分《じぶん》の考《かんが》えや、作《さく》ひんから　引用《いんよう》する　ことば、自分《じぶん》のけいけんなどを、ダブルマップで　せい理《り》する。

②二〇〇字の　原《げん》こう用紙《ようし》に　書《か》く。

③友《とも》だちと　交《こう》かんして　読《よ》み合《あ》い、かんそうを　交《こう》りゅうする。

④たん作《さく》文の　書《か》き方《かた》を　ふりかえる。

（１）ダブルマップで　せい理《り》しよう。

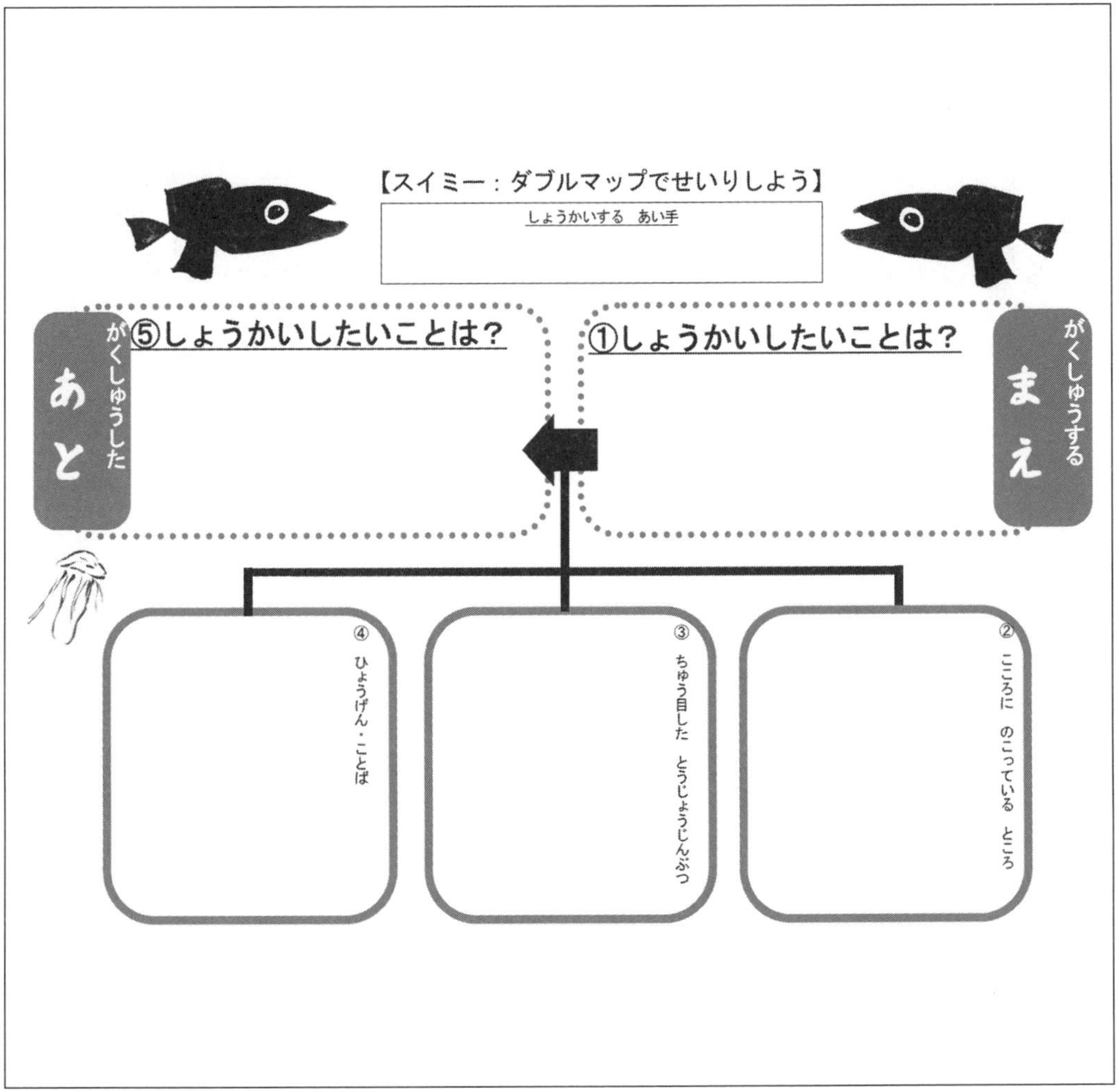


（２）原《げん》こう用紙《ようし》に　書《か》いてみよう。

# 9 ダブルマップをつかって、かんじたことをつたえ合おう

〔2年・読むこと・単元「読んで、かんじたことをつたえ合おう」〕

「スーホの白い馬」（光村図書）

## ▼1 単元の特徴

本教材は、登場人物のしたことや言ったことを確かめ、人物の様子を想像することを通して、自分が一番心を動かされたところについて感想を伝え合う活動を行う。最初に感じたことと、学習を通して読み深めた後に心が動かされたところと理由を短作文にし、変容を可視化させていきたい。

## ▼2 単元のねらい

・作品の言葉や表現に基づいた感想や考えを短作文に書き、共有することで、感じ方等に違いがあることに気付くことができる。（思C(1)エオカ）

・共通、相違、事柄の順序など情報と情報との関係について理解することができる。（知(2)ア）

## ▼3 単元の計画

1・2　学習計画設定、「手引き」を使用し、初発の感想を書く。

3～8　お話の順に、登場人物の行動や会話、出来事をとらえていく。

9～11　「手引き・ワークシート」を使用し自分の考えを書き表したものを、他者と共有することで、感じ方に違いがあることに気付く。

## ▼4 手引き・ワークについて

・手引きの特徴：自己の変容・作品の引用・「ダブルマップ」で整理し、考えを形成する。

・ワークシートの特徴：書き出し・接続後・読み手に留意して、記述・推敲・共有する。

この短作文では、児童の「変容」してきた感想や考えを書き表すことに重点を置いている。そこで、自己の変容を可視化させる「ダブルマップ」（注1）を活用した手引きを作成した。これは、初発の感想と学習後の感想がどのように変容したか、その変容を支えた教材文の叙述や自分の経験について整理し、書き出し・接続語・読み手を二〇〇字原稿用紙に書き加えた上で児童に配布したい。（下図参照）

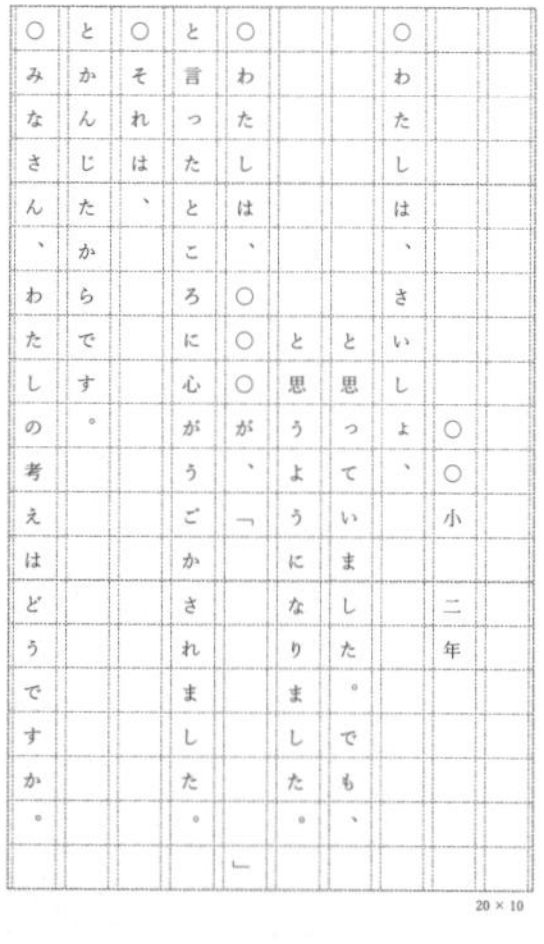


**じんぶつを　あらわすことば**
★親切　★やさしい　★思いやりのある　★しっかりもの　★しょうじき
★がまん強い　★こわがり　★いじっぱり　★おだやか　★ひょうきん
**もののようすを　あらわすことば**
★りっぱ　★べんり　★かんたん　★むずかしい　★新しい　★古い　★あぶない
★ふさわしい　★みごと　★よく分かる
**考え方を　あらわすことば**
★―にそっくり　★―とちがう　★―くらいの　★同じところは―　★ちがうところは
★わたしだったら　★ぼくだったら
**きもちを　あらわすことば**
★あんしん　★すき　★かんしんする　★しあわせ　★うきうきする
★わすれられない　★気になる　★うらやましい　★こまる　★くやしい
★目を丸くする　★おそろしい　★ぞっとする　★あきる　★おちこむ　★なげやり
★きらい　★すねる　★あわてる　★はらはらする　★ひやひやする

# ダブルマップをつかって、かんじたことをつたえ合おう

名前《まえ》

手じゅん

①さいしょに、自分《じぶん》の考《かんが》えや、作《さく》ひんから　引用《いんよう》する　ことば、自分《じぶん》のけいけんなどを、ダブルマップで　せい理《り》する。

②原《げん》こう用紙《ようし》に　書《か》く。（二〇〇字ぐらい）

③友《とも》だちと　交《こう》かんして　読《よ》み合《あ》い、かんそうを　交《こう》りゅうする。

④たん作《さく》文の　書《か》き方《かた》を　ふりかえる。

（１）ダブルマップで　せい理《り》しよう。

【書《か》きたいことを形《かたち》にしよう】

【スーホの白い馬：自分《じぶん》の考《かんが》えを ダブルマップで せい理《り》しよう】

この かんそう文の だい名

①はじめの かんそう

④さいごの かんそう

②心《こころ》が 一番《ばん》
うごかされた 場《ば》めん

②理《り》ゆう

（２）原《げん》こう用紙《ようし》に　書《か》いてみよう。

# 10 じゅんじょをあらわすことばをつかって、気もちをつたえよう

［2年・書くこと・単元「思いを伝える手紙を書こう」］
「すてきなところをつたえよう」（光村図書）

## ▼1　単元の特徴

本教材は、「手紙」という実用的な文章を書く言語活動である。手紙の構造を理解させながら、どこにどのように書くのかを考えさせ、短作文による効果的な共有をさせていきたい。

## ▼2　単元のねらい

・経験したことから自分の思いが明確になるように短作文に書き、語と語や文と文との続き方を確かめたり、簡単な構成を考えたりすることができる。（思B(1)イエ）
・友達と感想を伝え合い、文章の内容や表現のよいところを見付けることができる。（思B(1)オ）
・丁寧な言葉と普通の言葉との違いに気を付けて使うことができる。（知(1)キ）

## ▼3　単元の計画

1　友達との関わりを振り返り、友達のすてきなところを手紙に書く意欲を高める。
2～9　学習計画設定、友達のすてきなところをもとにして、手紙の構成を理解して書く。
10～12　「手引き・ワークシート」を使用し自分の考えを書き表したものを、他者と共有することで、自分の手紙のよさに気付く。

## ▼4　手引き・ワークについて

・手引きの特徴：自己の変容を「じゅんじょをあらわすことば」で整理し、自分の考えを形成する。
・ワークシートの特徴：構成・接続語・読み手に留意して、記述・推敲・共有する。

手紙形式の短作文は、児童の相手への気持ちが先に表れすぎて、文と文のつながりを意識しにくい。そこで、文と文をつなげることで、変容を可視化させる「じゅんじょをあらわすことば」を活用したワークシートを作成した。これは、語句や文のつながりを大切にし、一文の意味が明確になるように語と語の続き方を考えるとともに、文と文とのつながりについても気付かせるものである。また、ワークシートは、「はじめ・中・終わり」を意識させ、接続語などを二〇〇字原稿用紙に書き加えた上で児童に配布したい。（下図参照）

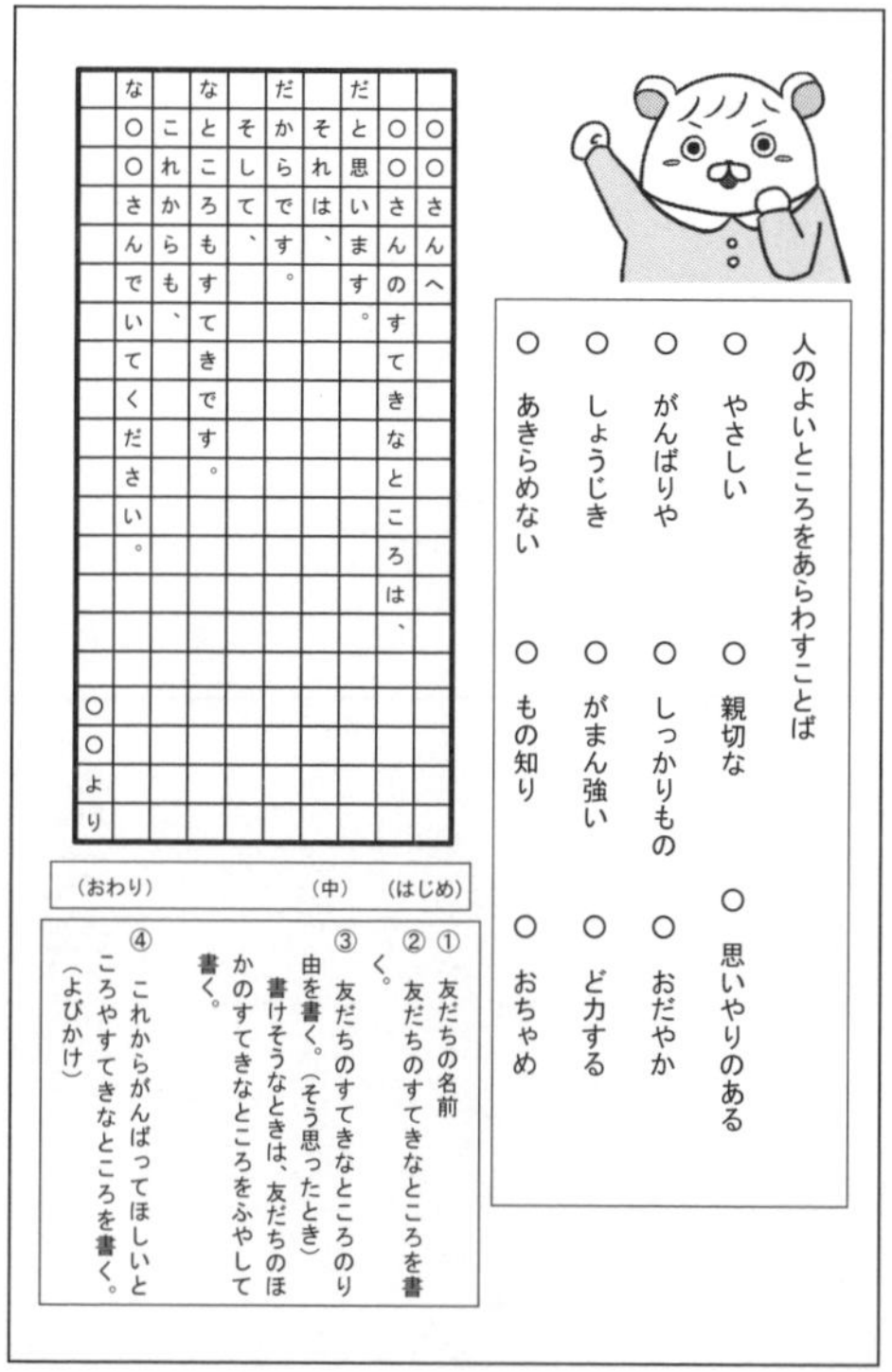

# じゅんじょをあらわすことばをつかって、気もちをつたえよう

名前《まえ》

手じゅん

①手紙《がみ》の「はじめ」「中」「おわり」の　つなぎ方《かた》を　じゅんじょをあらわす　ことばで　せい理《り》する。

②二〇〇字の　原《げん》こう用紙《ようし》に　書《か》く。

③友《とも》だちと　交《こう》かんして、かんそうを　つたえ合《あ》う。

④手紙《がみ》の　書《か》き方《かた》を　ふりかえる。

（１）じゅんじょをあらわす　ことばを　つかってみよう。

○　文と文をつなぐときにつかってみよう

**り由《ゆう》をつなぐとき**

・だから
・なぜなら
・なぜかというと
×なので

〇〇さんは、やさしいところがすてきだと思《おも》います。「あそぼう。」とさそってくれたからです。

〇〇さんは、やさしいところがすてきだと思《おも》います。なぜなら、「あそぼう。」とさそってくれたからです。

**つけくわえるとき**

・それから
・また
・ほかにも
・そして
×あと

〇〇さんは、なわとびのあやとびがじょうずです。てつぼうのわざも、たくさんできます。

〇〇さんは、なわとびのあやとびがじょうずです。ほかにもてつぼうのわざも、たくさんできます。

**前《まえ》の文と後《うし》ろの文の内《ない》ようがちがうとき**

・しかし
・でも
・けれども
・それでも
×ので

ぼくは、見ているだけでした。〇〇さんは、さっと、ほけん室《しつ》に一年生をつれて行《い》っていました。

ぼくは、見ているだけでした。でも、〇〇さんは、さっと、ほけん室《しつ》に一年生をつれて行《い》っていました。

☆気をつけて☆
・「なので」、「あと」、「ので」は話《はな》しことばになるので、文と文をつなぐときにはつかいません。

お手紙《がみ》の文を友《とも》だちと見直《なお》して、書《か》くあい手に気もちがつたわるように、じゅんじょをあらわすことばをつかってみよう。

（２）原《げん》こう用紙《ようし》に　書《か》いてみよう。

11

［3年・書くこと・単元「れいの書かれ方に気をつけて読み、それをいかして書こう」］

# 調《しら》べたことを書いてみよう

## 「食べ物のひみつを教えます」（光村図書）

### ▼1　単元の特徴

本教材は、「読むこと」の説明文教材「すがたをかえる大豆」との複合単元となっている。したがって、読むことで学んだ内容を生かして、食材が多様な工夫をされ、様々な食品に変化していることを順序性をもって説明することができるようにしたい。

### ▼2　単元のねらい

・自分の考えとそれを支える理由や事例との関係を明確にして、書き表し方を工夫することができる。（思B(1)ウ）

・幅広く読書に親しみ、必要な知識や情報を得ることに役立つことに気付くことができる。（知(3)オ）

### ▼3　単元の計画

1～6　食材を選択し、工夫と食品を関連図書から探し、順序を考える。

7・8　できあがった作品を読み合い、感想を伝え合う。単元を振り返る。

### ▼4　手引き・ワークについて

・手引きの特徴：「ダブルマップ」で工夫と食品を整理する。

・ワークシートの特徴：接続詞に留意して、記述・推敲・共有する。

ワークシートは、構成に沿って、説明文を書くことに重点を置いている。分かりやすい工夫の順序を考えさせたい。また、四〇〇字原稿用紙に接続詞を書き加えた上で児童に配布したい。

○○小　三年
□□には、いろいろな食べ方のくふうがあ
ります。
まず、
次に
また、
さらに、
これらの他に、
このように、□□は、さまざまなくふうが
され、おいしく食べられています。さいしょ
は、・・・と思っていましたが、・・・と知
り、おどろきました。

20 × 20

食べ物のひみつを教えます

# 調《しら》べたことを書いてみよう

名前

手じゅん

①食ざいをえらび、工ふうと食品《ひん》をかんれん図書からさがす。
②かんれん図書の中の食ざい・工ふう・食品《ひん》をマップで整《せい》理する。
③四〇〇字の原こう用紙に書く。
④友だちと読み合い、学習《しゅう》全《ぜん》体をふり返《かえ》る。

## (1) ダブルマップで整《せい》理しよう。

食ざい

のじゅんじょにならべる

工ふう

食品 食品 食品

工ふう

食品《ひん》 食品 食品

工ふう

食品 食品 食品

工ふう

食品 食品 食品

調《しら》べてみて、どんなことが分かりましたか。

## (2) 原こう用紙に書いてみよう。

12

［3年・書くこと・単元「組み立てにそって、物語を書こう」］

# マップで組み立てよう

「たから島のぼうけん」（光村図書）

## ▼1 単元の特徴

本教材は、「始まり」「出来事が起こる」「出来事が解決する」「むすび」の構成に沿って、場面の様子や登場人物の様子を想像しながら書くという活動が中心になる。児童には、全体の構成をとらえさせながら、表現豊かに書かせていきたい。

## ▼2 単元のねらい

・書く内容の中心を明確にし、内容のまとまりで段落をつくったり、段落相互の関係に注意したりして、文章の構成を考えることができる。（思B(1)イ）

・様子や行動、気持ちや性格を表す語句の量を増し、文章の中で使い、語彙を豊かにすることができる。（知(1)オ）

## ▼3 単元の計画

1～8　学習計画設定、宝島の地図から「手引き・ワークシート」を使って、物語の構成を考える。

9・10　できあがった作品を読み合い、感想を伝え合う。単元を振り返る。

## ▼4 手引き・ワークについて

・手引きの特徴：「ダブルマップ」で登場人物の性格を整理する。

・ワークシートの特徴：書き出し・接続語に留意して、記述・推敲・共有する。

ワークシートは、構成に沿って、物語を書くことに重点を置いている。登場人物・出来事について想像を広げさせたい。また、四〇〇字原稿用紙に接続語を書き加え、構成に沿って書けるようにしたい。

○○小　三年

ひろとは，学校の帰り道に一枚の宝の地図

を見つけました。

ひろとが島につくと，わにがいきなりおそ

ってきました。

わにの子どもをがけから助けると，

ひろとが目をさますと，そこは自分の部屋

でした。でも，手にはわにからもらった宝石

がにぎられています。

お話のてんかいに合わせて，どんどん書いていきましょう。

20 × 20

たからの島のぼうけん

# マップで組み立てよう

名前

手じゅん

①登《と》場人物《ぶつ》のせいかくを考え、どんな物《もの》語にするかのわくを考える。

②たから島の地図を見て、登《と》場人物《ぶつ》が何と出会い、どのようなけつまつにするのかをマップに書く。

③四〇〇字の原こう用紙に書く。

④みんなで読み合い、ふり返《かえ》る。

## （１）マップで整《せい》理しよう。

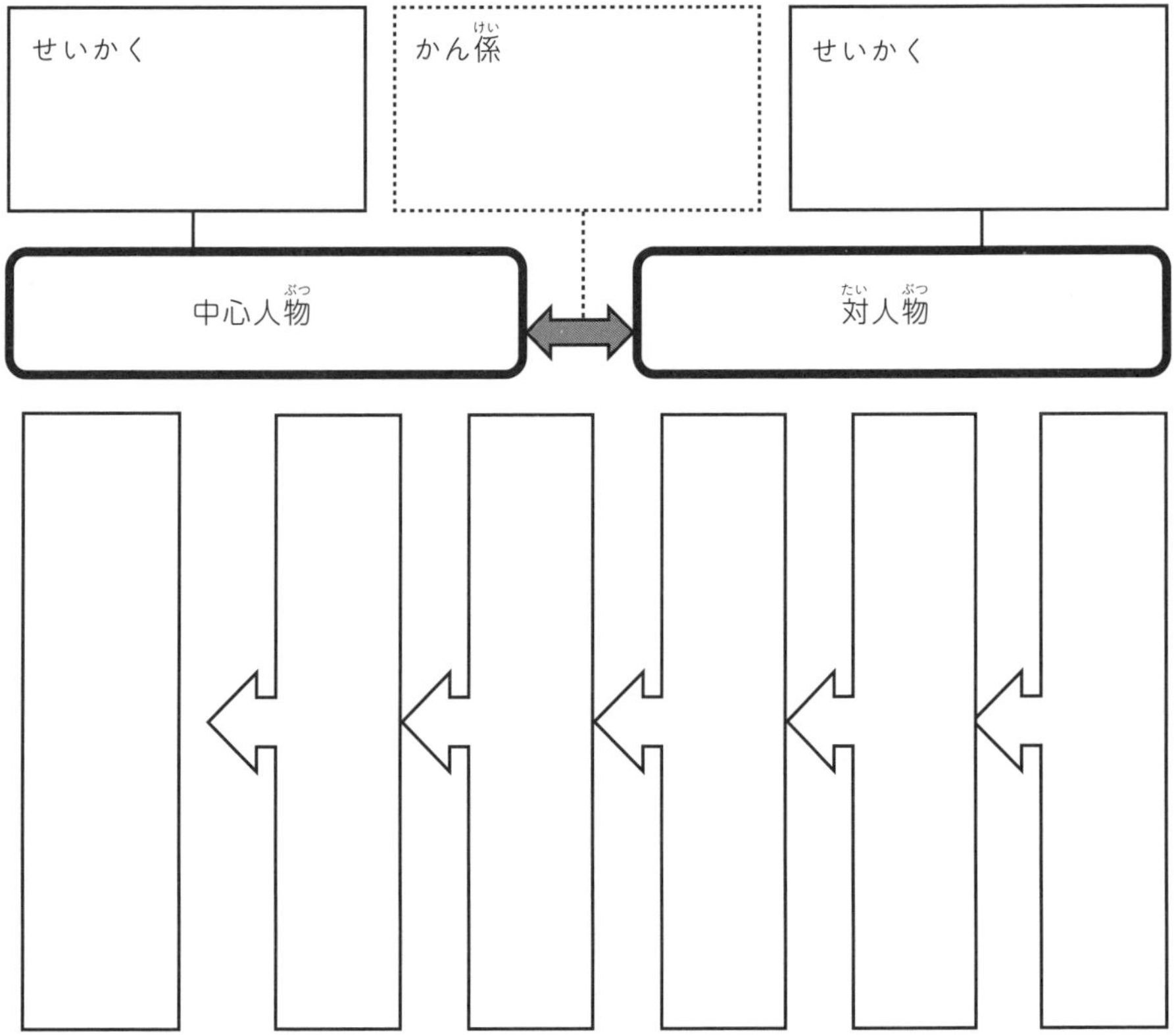


①地図をどのようにみつけるか　②何と出会うか　③どんな事《じ》けんが起《お》こるか
④どうかいけつするか　⑤どんなたからものを手に入れるか
⑥登《とう》場人物《ぶつ》はどうなったか　を大まかに考えよう。

## （２）原こう用紙に書いてみよう。

［3年・読むこと・単元「登場人物について、話し合おう」］

# 13 登《とう》場人物《ぶつ》について考えたことを整《せい》理しよう

「モチモチの木」（光村図書）

## ▼1　単元の特徴

本単元では、物語の叙述をもとに登場人物の人物像をとらえ、自分の言葉で表現する力を付けていく。低学年で学んだ言動に着目して、その人物の様子を具体的に想像することに加えて、人物の境遇や状況、まわりの人物とのかかわり、語り手からのとらえ方などが表れている複数の叙述を根拠とすることで、具体的にその人物らしさをとらえるようにしていく。

## ▼2　単元のねらい

・登場人物の気持ちの変化や性格、情景について、場面の移り変わりと結び付けて具体的に想像することができる。（思C⑴エ）

・文章を読んで感じたことや考えたことを共有し、一人一人の感じ方などに違いがあることに気付くことができる。（思C⑴カ）

## ▼3　単元の計画

1〜8　学習計画設定、自分の感想と作品の表現や情景を結びつけながら読み進める。

9〜12　「手引き・ワークシート」を使用して、「『豆太』はどのように変わったか」について作文にまとめ、発表し合う。

## ▼4　手引き・ワークシートについて

・手引きの特徴：豆太の変容をダブルマップで整理し、考えを形成する。

・ワークシートの特徴：四〇〇字原稿用紙にポイントを示す。

この短作文では、「豆太の変容」＝「豆太の成長」であることに気付き、主人公の気持ちに共感しながら、豆太の成長した理由について考え、自己の成長につなげていきたい。

豆太は、夜中に一人でせっちんに行けない
くらいおくびょうだったけど、じさまのため
に勇気がある子になったと思います。
どうしてそう思ったかというと、教科書の
百二十九ページの一行目にあるように、

このお話を読んで、わたしもこわがりだけ
ど、おじいちゃんのためならきっとがんばれ
ると思います。なぜなら

だから豆太は、ときどきはおくびょうかも
しれないけど、

モチモチの木

# 登《とう》場人物《ぶつ》について考えたことを整《せい》理しよう

名前

手じゅん

①豆太の変容《へんよう》について、自分の考えや教科書に書いてある言葉《ことば》など、ダブルマップで整《せい》理する。

②四〇〇字の原こう用紙に書く。

③友だちと交かんして読み合い、感想《かんそう》を交流《りゅう》する。

④自分の発表《はっぴょう》をふり返《かえ》り、友だちの考えをつけくわえて、作文を書く。

（１）ダブルマップで整《せい》理しよう。

【モチモチの木：豆太はかわったか，ダブルマップで整《せい》理しよう】

⑤きせつ・時間

⑥登《とう》場人物《ぶつ》の体けん

①主《しゅ》人公（あなた）の名前

⑦注《ちゅう》目した人物《ぶつ》

⑧表《ひょう》げん・言葉《ことば》

②心にのこった場面《めん》

③学習《しゅう》後の自分（気持《も》ち）

④学習《しゅう》前の自分（気持《も》ち）

【書きたいことを形にしよう】

（２）原こう用紙に書いてみよう。

［4年・読むこと・単元「考えと例」］

# 14 じょうほうとじょうほうの関係《かん》をとらえよう　「考えと例」（光村図書）

## ▼1　単元の特徴

本教材は、対比的な段落相互の関係に着目しながら、考えとそれを支える理由と事例との関係について読み取ったり、対比的に説明するよさに気付かせたりする学習である。そのあとに設ける「考えと例」の短作文を読み合う中で、情報と情報との関係からとらえ直し、他領域でも活用するなど、効果的な共有をさせていきたい。

## ▼2　単元のねらい

・段落相互の関係に着目しながら、筆者の考えとそれを支える理由や事例との関係などについて、叙述を基に捉えることができる。（思C(1)ア）

・文章を読んで理解したことに基づいて感想や考えを短作文に書き、交流することで多様な捉え方に触れることができる。（思C(1)オ）

## ▼3　単元の計画

1〜6　学習計画設定、筆者の考えを段落相互の関係と対比的に説明するよさからとらえる。

7・8　「手引き・ワークシート」を使用し、自分の考えとそれを支える理由や事例を書き表したものを他者と共有することで、多様なとらえ方に触れる。

## ▼4　手引き・ワークについて

・手引きの特徴：自己の変容・理由と事例の関係・「ダブルマップ」で整理し考えを形成する。

・ワークシートの特徴：書き出し・例・対比・読み手に留意して、記述・推敲・共有する。

この短作文では、児童の遊びに対する「変容」してきた考えを、理由と事例の関係とともに対比的に書き表すことに重点を置いている。そこで、自分の考えの理由や例が伝えたいこととどのように結びついているかをおさえるために、「ダブルマップ」を活用した手引きを作成した。これは、学習前と学習後で遊びに対する自分の考えの変化を支える理由や例は何か、対比をどのように効果的に活用できたかについて、整理するものである。また、原稿用紙に書き出し・例・対比・読み手を書き加えた上で児童に配布したい。（下図参照）

○○小　四年

わたしは、　な遊び

がすきです。なぜなら、

例えば、

他にも、

みなさん、私の考えはどうですか。

考えと例

# じょうほうとじょうほうの関《かん》係をとらえよう

名前

手順《じゅん》

①遊びに対する自分の考え、理由、例などをダブルマップで整理する。
②四〇〇字の原こう用紙に書く。
③友達《だち》と交かんして文章を読み合い、感想を交流する。
④短作文の書き方をふり返る。

（１）ダブルマップで整理しよう。

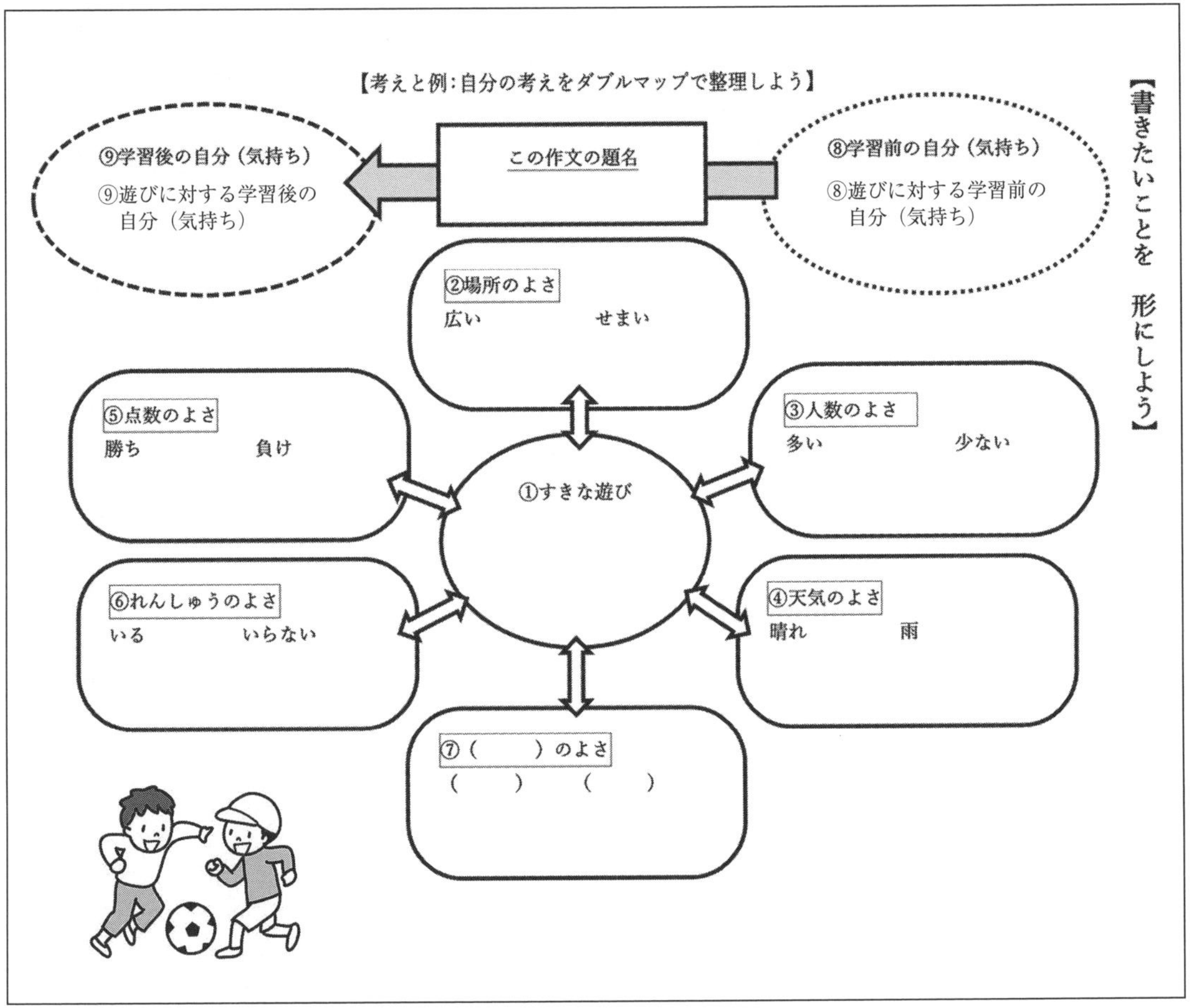


（２）原こう用紙に書いてみよう。

［4年・読むこと・単元「場面の様子をくらべて読み、感想を書こう」］

15

# 成《せい》長したゆみ子になって手紙を書こう　「一つの花」（光村図書）

## ▼1　単元の特徴

本教材は、戦争という過酷な環境の中で育つゆみ子と我が子の健やかな成長を願う両親の気持ちを描いた物語である。特に表現様式上の特徴として、戦時中と戦後の「幸福感」「一つの花の意味」「情景（音・色・建物・食べ物・コスモス）」等の言葉や表現の比較構造がある。児童には、戦前戦中の両親のゆみ子に対する思いを読み取らせ、終末の成長したゆみ子の様子と比較させながら「成長したゆみ子から父親への手紙」を書かせる。

## ▼2　単元のねらい

・「成長したゆみ子から父親への手紙」を書かせることで、戦前戦中の両親のゆみ子に対する思いや比較構造を共有することができる。（思C(1)エオカ）

・様子や行動、気持ちや性格を表す語句や情景を文章の中で使い、語彙を豊かにすることができる。（知(1)オ）

## ▼3　単元の計画

1〜6　学習計画設定、自分の感想と作品の表現や構造とを結びつけながら読み進める。

7・8　戦前戦中の両親のゆみ子に対する思いや表現の比較構造を共有させ、「成長したゆみ子から父親への手紙」を書く。

## ▼4　手引き・ワークについて

・手引きの特徴：表を使って戦前戦中の両親のゆみ子に対する思いや表現の比較構造を整理し、「成長したゆみ子から父親への手紙」を書かせる。

・ワークシートの特徴：学習した戦時中と戦後の「幸福感」「一つの花の意味」「情景（音・色・建物・食べ物・コスモス）」等の言葉や表現の比較表を作成し、可視化させる。読み取った内容をそれぞれの視点で整理し、書く内容を確認させるものである。また、書き出し・書き終わりのみを記した四〇〇字原稿用紙を児童に配布したい。（下図参照）

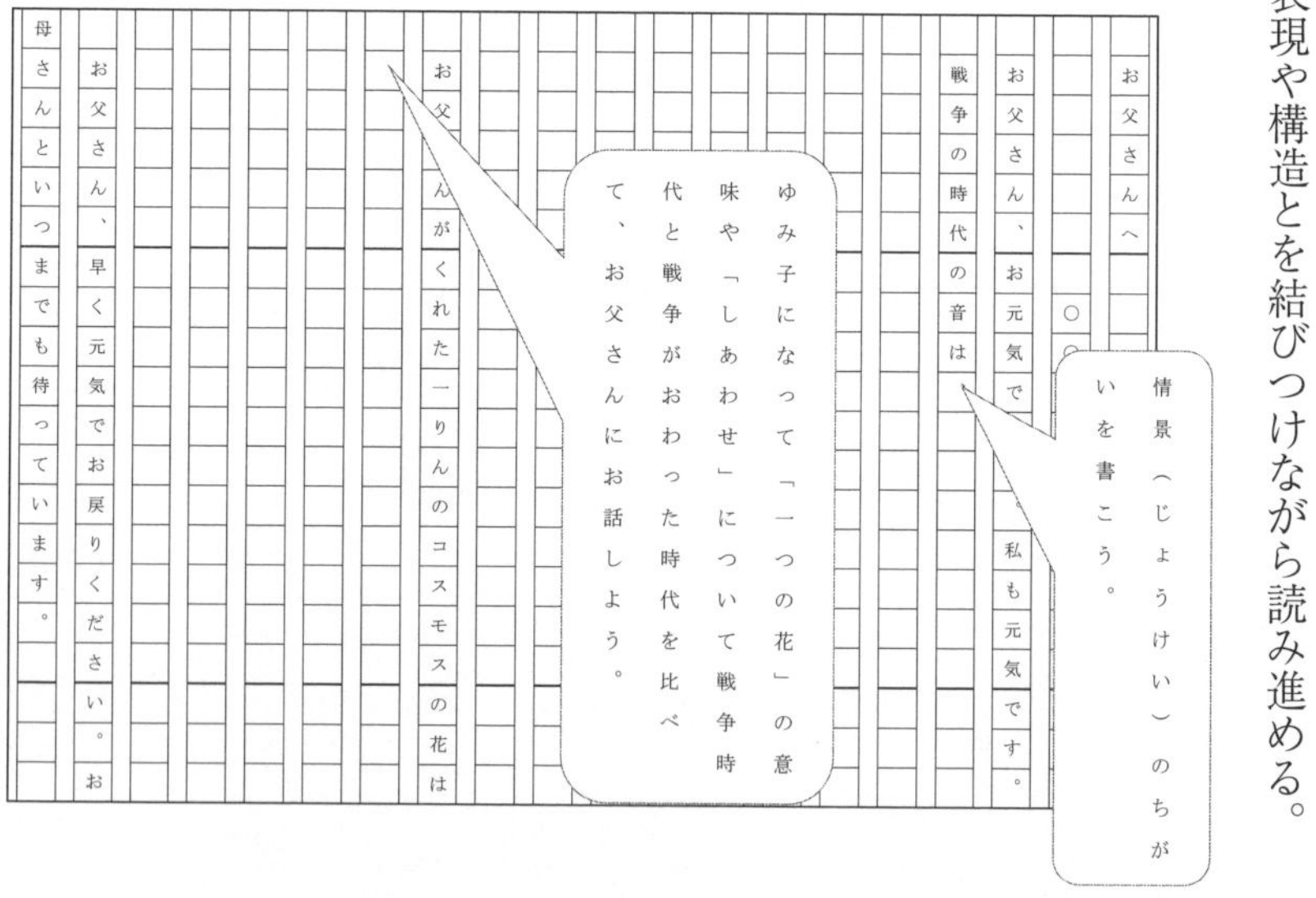

一つの花

# 成《せい》長したゆみ子になって手紙を書こう

名前

手順《じゅん》
①じょう景《けい》について「戦争中《せんそう》」と「戦争《せんそう》が終わった後」をくらべて書こう。
②しあわせについて「戦争中《せんそう》」と「戦争《せんそう》が終わった後」をくらべて書こう。

**(1) 表を使って「戦争中《せんそう》」と「戦争《せんそう》が終わった後」についてひかくして書こう。**

| | じょう景《けい》（音・色・建《たて》物・食べ物・コスモス他） | しあわせ |
|---|---|---|
| 戦《せん》争《そう》中 | ○音<br>・ばくだんの音<br>○色<br>○建《たて》物<br>○食べ物<br>○コスモス<br>○一つだけ<br>○<br>○ | ○一つの花<br>○しあわせ |
| 戦《せん》争《そう》が終わった後 | ・ミシンの音 | |

**(2) 表をもとに、原こう用紙に成《せい》長したゆみ子になって父親への手紙を書こう。**

【4年・言語文化・単元「秋のよさを手紙で伝えよう」】

変容　引用　反論

# イメージマップで見える化しよう

「秋の楽しみ」(光村図書)

16

## ▼1　単元の特徴

本教材の特徴は、「行事に関する言葉」「秋に関する言葉」に触れ、様子や情景、色彩などの言葉や表現を知り、語彙を豊かにすることである。児童自身が季節の言葉や季節の行事に興味をもち語彙を集め、短作文による手紙を書くことで効果的な共有をさせていきたい。

## ▼2　単元のねらい

・言葉には性質や役割による語句のまとまりがあることを理解し、語彙を豊かにすることができる。(知(1)オ)

・経験したことや想像したことなどから手紙に書くことを選び、伝えたいことを明確にすることができる。(思B(1)ア)

## ▼3　単元の計画

1　秋の行事に関心をもち、秋の行事やそれにかかわる言葉を集める。

2　「手引き・ワークシート」を使用し、自分の考えを書き表したものを、他者と共有することで、人によって季節や行事に関する感じ方等に違いがあることに気付く。

## ▼4　手引き・ワークシートについて

・手引きの特徴：自己の変容・語彙の増加・「イメージマップ」で整理し、考えを形成する。

・ワークシートの特徴：書き出し・接続語・読み手に留意して、記述・推敲・共有する。

この短作文では、児童が獲得してきた語彙を使いこなすことや行事に対する考えを手紙の形式で書き表すことに重点を置いている。そこで、「イメージマップ」を活用した手引きを作成した。これは学習前と学習後の語彙や秋の行事に対する考えの変容について整理するものである。また、ワークシートとして四〇〇字原稿用紙に、書き出し・接続語・読み手を書き加えた上で児童に配布したい。(下図参照)

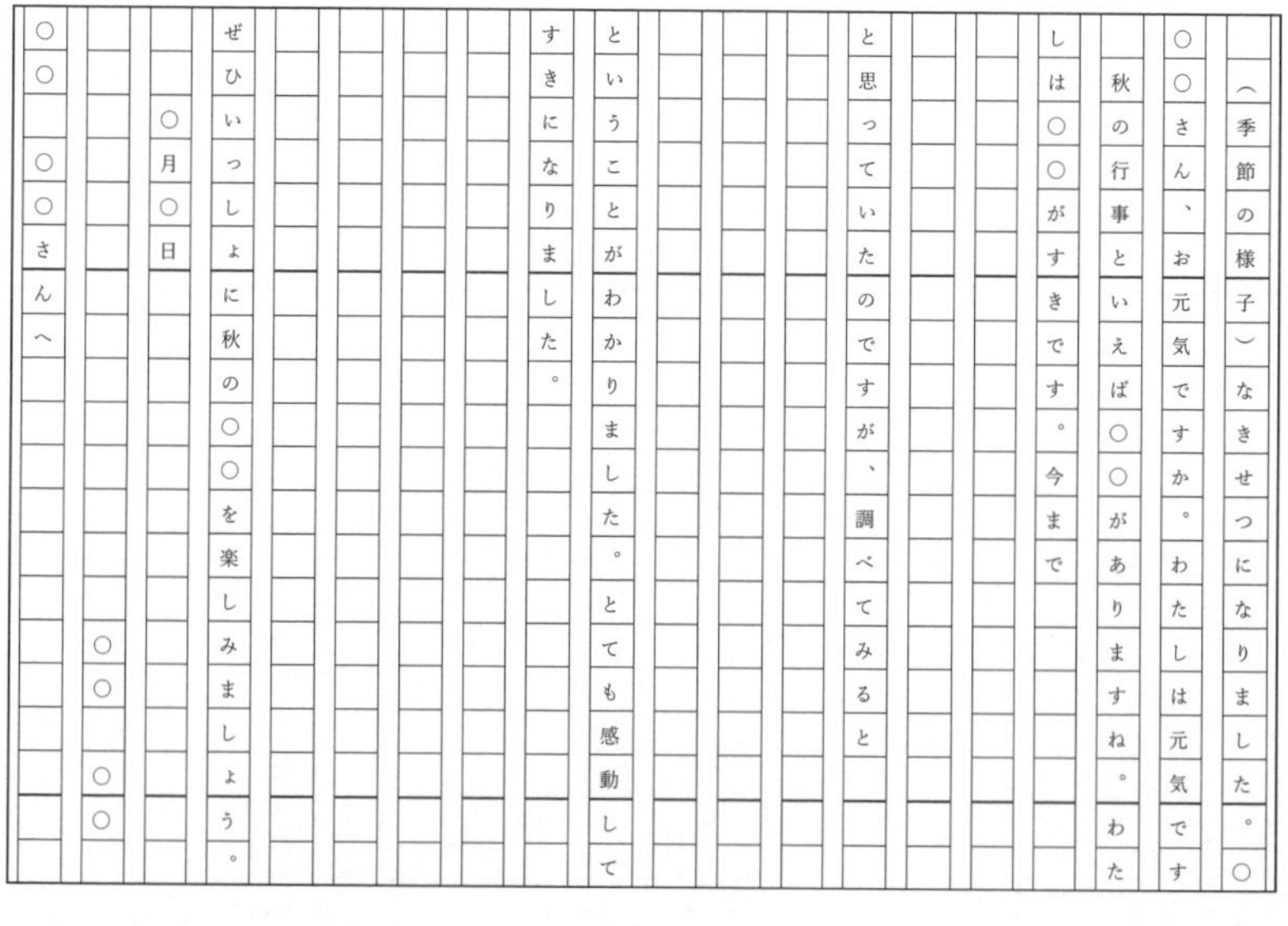

# イメージマップで見える化しよう

名前

手順《じゅん》

①自分の知っていた言葉、知らなかった言葉などを、イメージマップで整理する。
②四〇〇字の原こう用紙に書く。
③友達《だち》と交かんして読み合い、感想を交流する。
④短作文の書き方をふり返る。

（１）イメージマップで知っていることや初《はじ》めて知ること、調べてみたことを整理しよう。

秋の楽しみ
［秋の行事をお手紙で伝えよう］

【知っていること】

【初めて知ったこと】

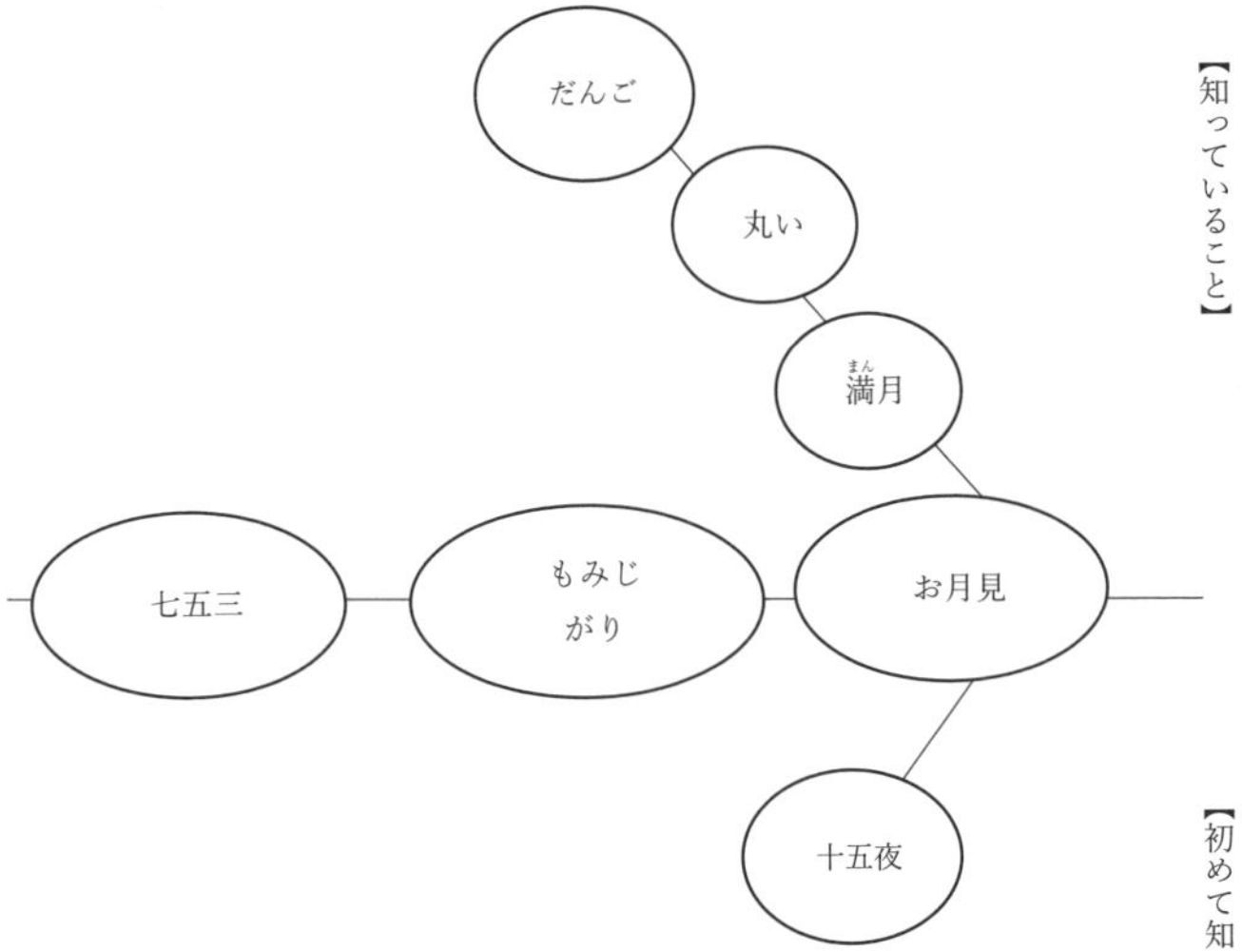


**相手（だれに）**：（　　　　）　**どの行事**：（　　　　）

伝えたいことの中心：

・はじめて知ったこと
・今までのこと
・これからのこと
・いっしょにやりたいこと
・地いきの行事のこと

（２）原こう用紙に書いてみよう。

17

［3年・読むこと・単元「登場人物のへんかに気をつけて読み、感想を書こう」］

# 自分の考えや感想《かんそう》を整《せい》理して書こう　「まいごのかぎ」（光村図書）

## ▼1　単元の特徴

本教材は、語彙を豊かにすることができる作品である。比喩表現や擬人法、オノマトペなどが多用され、不思議な出来事に出合った登場人物の心情を描き出している。児童には、自分と重ね合わせながら読むことで感情移入させ、短作文による効果的な共有をさせたい。

## ▼2　単元のねらい

・登場人物の気持ちの変化や性格、情景について、場面の移り変わりと結び付けて具体的に想像することができる。（思C(1)エ）

・様子や行動、気持ちや性格を表す語句の量を増し、語彙を豊かにすることができる。（知(1)オ）

## ▼3　単元の計画

1～6　学習計画設定、主人公の行動や気持ちの変化、自分の経験と結びつけながら読み進める。

7・8　「手引き・ワークシート」を使用して自分の考えを書き表したものを、他者と共有することで、感じ方等に違いがあることに気付く。

## ▼4　手引き・ワークについて

・手引きの特徴：自己の変容・作品の引用・「ダブルマップ」で整理し、考えを形成する。

・ワークシートの特徴：書き出し・接続語に留意して、記述・推敲・共有する。

この短作文では、児童の「変容」してきた感想や考えを書き表すことや、根拠となる叙述を引用することに重点を置いている。そこで、自己の変容を可視化させる「ダブルマップ」を活用した手引きを作成した。これは、初発の感想と学習後の感想がどのように変容したか、その変容はどのような叙述に基づくか整理するものである。また、ワークシートとして原稿用紙に、書き出し・接続語を書き加えた上で児童に配布したい。（下図参照）

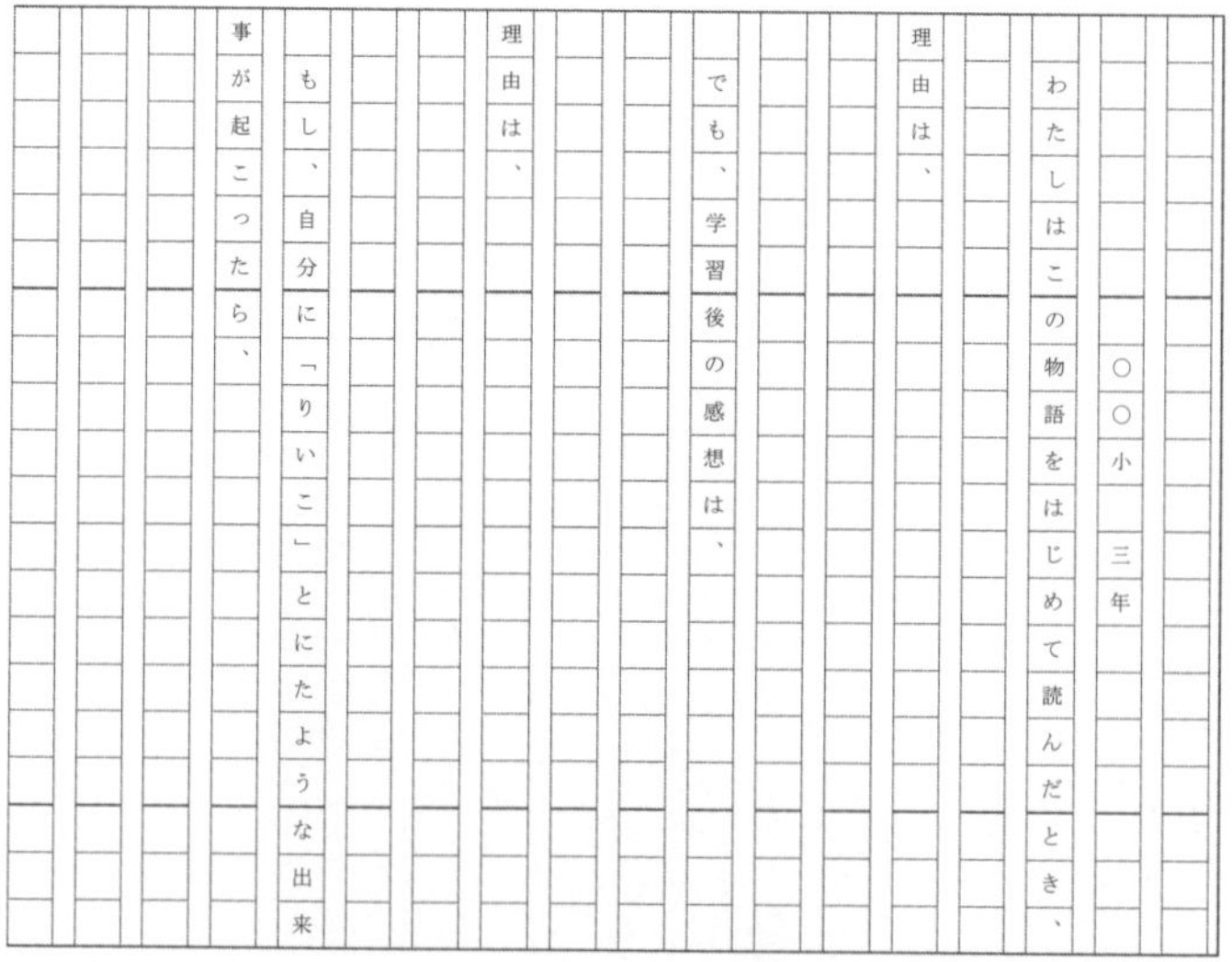

まいごのかぎ

# 自分の考えや感想《かんそう》を整理《せい》して書こう

名前

手じゅん
①自分の感想《かんそう》や心にのこった場面《めん》、作品《ひん》から引用する言葉《ことば》などを、ダブルマップで整理《せい》する。
②三〇〇字の原こう用紙に書く。
③友だちと交かんして読み合い、感想《かんそう》を交流《りゅう》する。
④短《たん》作文の書き方をふり返《かえ》る。

（１）ダブルマップで整理《せい》しよう。

【まいごのかぎ：自分の考えをダブルマップで整理《せい》しよう】

この作品《ひん》の題《だい》名

①主人公の名前

②心にのこった場面《めん》

③学習《しゅう》前の自分（感想《かんそう》）

④学習《しゅう》後の自分（感想《かんそう》）

⑤注《ちゅう》目した出来事《ごと》

⑥自分だったら

⑦気持《も》ちを表《あらわ》す言葉《ことば》

⑧様子《ようす》を表《あらわ》す言葉《ことば》

（２）原こう用紙に書いてみよう。

［3年・読むこと・単元「場面をくらべながら読み、感じたことをまとめよう」］

# 18 ダブルマップで書いてみよう

「ちいちゃんのかげおくり」（光村図書）

## ▼1　単元の特徴

本教材の表現様式の特徴として、様子や行動、気持ちや性格を表す語句が豊富であることが挙げられる。感想を書く際には、単に思いを述べるだけでなく、文を引用したり理由を明らかにさせたりして考えさせ、短作文による効果的な共有をさせていきたい。

## ▼2　単元のねらい

・登場人物の気持ちの変化と、場面の移り変わりを結び付けて短作文に書き、共有することで、感じ方に違いがあることに気付くことができる。（思C(1)エオカ）

・様子や行動、気持ちや性格を表す語句を文章の中で使い、語彙を豊かにすることができる。（知(1)オ）

## ▼3　単元の計画

1～7　学習計画設定、自分の感想と作品の表現や構造と結びつけながら読み進める。

8～10　「手引き・ワークシート」を使用し自分の考えを書き表したものを、他者と共有することで、感じ方に違いがあることに気付く。

## ▼4　手引き・ワークについて

・手引きの特徴：自己の変容・作品の引用・「ダブルマップ」で整理し、考えを整理する。

・ワークシートの特徴：書き出し・接続語・読み手に留意して、記述・推敲・共有する。

この短作文では、児童の「変容」してきた感想や考えを書き表すことに重点を置いている。そこで、自己の変容を可視化させる「ダブルマップ」を活用した手引きを作成した。

これは、初発の感想と学習後の感想がどのように変容したか、その変容を支えた作品の特徴は何か、について整理するものである。また、ワークシートとして四〇〇字原稿用紙に、書き出し・接続語・読み手を書き加えた上で児童に配布したい。（下図参照）

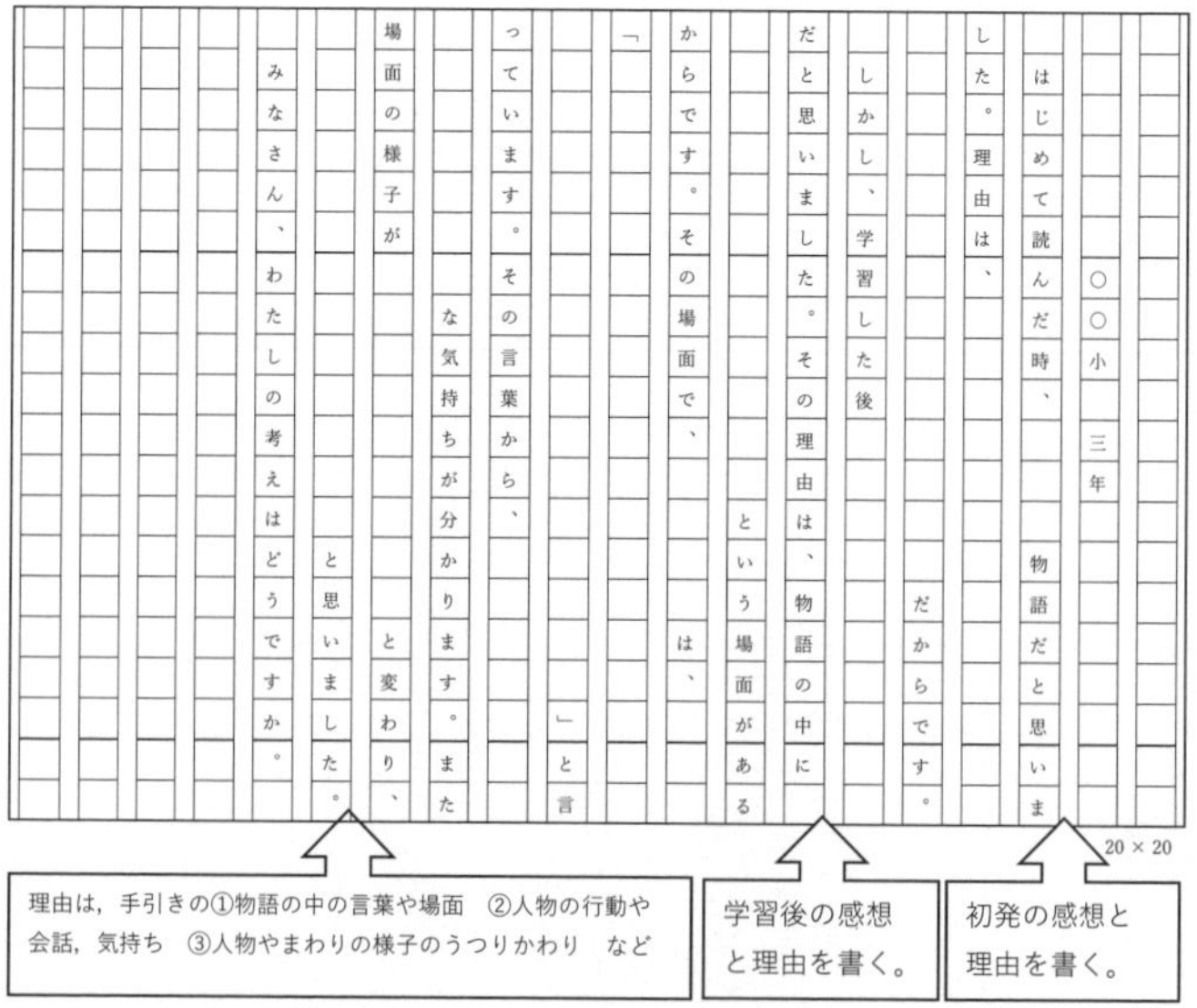

ちいちゃんのかげおくり

# ダブルマップで書いてみよう

名前

手じゅん
①自分の考えや、作品《ひん》から引用する言葉《ことば》などを、ダブルマップで整《せい》理する。
②四〇〇字の原こう用紙に書く。
③友だちと交かんして読み合い、感想《かんそう》を書く。
④短《たん》作文の書き方をふり返《かえ》る。

## （1）ダブルマップで整《せい》理しよう。

【書きたいことを形にしよう】

【ちいちゃんのかげおくり：自分の考えをダブルマップで整《せい》理しよう】

この作文の題《だい》名
「　　　　　　　　　　」

学習《しゅう》前の気持《も》ち（しょ発《はつ》の感想《かんそう》）

⇩

学習《しゅう》後の気持《も》ち<自分が感《かん》じていることを短《みじか》い言葉《ことば》で表《あらわ》す>

その理由《ゆう》は，～　<物《もの》語のどこからそう感《かん》じるのかを，くわしく書く>

| ①物《もの》語の中の言葉《ことば》や場面《めん》 | ②人物《ぶつ》の行動《どう》や会話 | ③人物《ぶつ》やまわりの様子《ようす》のうつりかわり |
|---|---|---|
| | | |

## （2）原こう用紙に書いてみよう。

［4年・書くこと・単元「調べたことを書こう」］

# 19 手引きにそって考えをまとめよう

「伝統工芸のよさを伝えよう」（光村図書）

## ▼1 単元の特徴

説明する文章を書く際、理由や例を挙げているまとまりが読み手に伝わるように書くことが大切である。児童には、理由や例と、伝えたいこととのかかわりが分かるように書くには、どうすればよいかを考えさせ、短作文による効果的な共有をさせていきたい。

## ▼2 単元のねらい

・辞書や事典の使い方を理解し使うことができる。（知(2)イ）

・自分の考えとそれを支える理由や事例との関係を明確にして、書き表し方を工夫することができる。（思B(1)ウ）

## ▼3 単元の計画

1～7　学習計画設定、調べたい伝統工芸の決定、取材、文章の組み立て。

8・9　「手引き・ワークシート」を使用し自分の考えを書き表したものを、他者と共有することで、感じ方等に違いがあることに気付く。

## ▼4 手引き・ワークについて

・手引きの特徴：自分の考えを「ワークシート」で整理し、考えを形成する。

・ワークシートの特徴：書き出し・接続語・読み手に留意して、記述・推敲・共有する。

この短作文では、児童の「変容」してきた考えを書き表すことに重点を置いている。また、理由や例と伝えたいこととのかかわりが分かるような「ダブルマップ」を活用した手引きを作成した。これは、はじめの伝統工芸に対する考えと学習後の考えがどのように変容したか、その変容を支えた理由や例などはどのようなものだったか、作品の特徴は何か、について整理するものである。また、ワークシートとして四〇〇字原稿用紙に、書き出し・接続語を書き加えた上で児童に配布したい。（下図参照）

小　四年

ここでは、○○のみりょくを紹介します。
はじめは、○○○○と考えていました。
でも、調べていくうちに○○○○○○と思う
ようになりました。
そのみりょくは、「　　　　」です。

また、「　　　　」もみりょくのひとつで
す。

このように、○○○は、とてもみりょくの
あるものです。

# 手引きにそって考えをまとめよう

名前

手順《じゅん》
①自分の考えや、みりょくや引用を、ワークシートで整理する。
②四〇〇字の原こう用紙に書く。
③友達《だち》と交かんして読み合い、感想を交流する。
④短作文の書き方をふり返る。

（１）手引きで整理しよう。

【はじめの考え】

●伝統工芸

（絵）

| みりょく（一言で） | ① | ② |
| --- | --- | --- |
| みりょくの説明《せつ》 | | |
| みりょくが伝わる事例《れい》　し料《りょう》からの引用 | | |

【調べた後の考え】

（２）原こう用紙に書いてみよう。

変容　引用　反論

# 20

［4年・読むこと・単元「興味をもったことを中心に、しょうかいしよう」］

## 説《せつ》明する順《じゅん》じょを考えよう

「ウナギのなぞを追って」（光村図書）

### ▼1　単元の特徴

説明する文章を書く際、興味をもったことに沿って、大事な言葉や文を見つけることが大切である。児童には、文章への着目の仕方によって紹介の仕方がどのように変わるのかを考えさせ、短作文による効果的な共有をさせていきたい。

### ▼2　単元のねらい

・文章を読んで感じたことや考えたことを共有し、一人一人の感じ方などに違いがあることに気付くことができる。（思C(1)カ）

・様子や行動を表す語句の量を増し、文章の中で使い、語彙を豊かにすることができる。（知(1)オ）

### ▼3　単元の計画

1～5　学習計画設定、教材文の読み取り、並行読書。

6～8　「手引き・ワークシート」を使用し自分の考えを書き表したものを、他者と共有することで、感じ方等に違いがあることに気付く。

### ▼4　手引き・ワークシートについて

・手引きの特徴：自己の変容・引用を「ダブルマップ」で整理し、考えを形成する。

・ワークシートの特徴：書き出し・接続語・読み手に留意して、記述・推敲・共有する。

この短作文では、児童の「変容」してきた考えを書き表すことに重点を置いている。また、紹介したいことと着目したところが分かるような「ダブルマップ」を活用した手引きを作成した。これは、はじめの文章に対する考えと学習後の考えがどのように変容したか、その変容を支えた筆者の考えや事例はどのようなものだったかについて整理するものである。また、ワークシートとして四〇〇字原稿用紙に、書き出し・接続語・読み手を書き加えた上で児童に配布したい。（下図参照）

小　四年

「　」は、

という話です。

筆者の　さんは、

の研究者です。

はじめに、

つぎに、

そして、

このように、

この話をよんで、

要約　1から3

ウナギのなぞを追って

# 説《せつ》明する順《じゅん》じょを考えよう

名前

手順《じゅん》

①自分の考えや、作品から引用する言葉などを、ダブルマップで整理する。
②四〇〇字の原こう用紙に書く。
③友達《だち》と交かんして読み合い、感想を交流する。
④短作文の書き方をふり返る。

**（１）ダブルマップで整理しよう。**

**【書きたいことを形にしよう】**

【ウナギのなぞを追って：自分の考えをダブルマップで整理しよう】

①この作文の題名

□大事な言葉・引用

□大事な言葉・引用

選《えら》んだ本の名前

□大事な言葉・引用

□大事な言葉・引用

②きょう味をもったこと

④学習前の自分（気持ち）

③学習後の自分（気持ち）

※大事な言葉の□には，どの順《じゅん》じょで説《せつ》明するか考えて，数字を書こう。

**（２）原こう用紙に書いてみよう。**

［4年・読むこと・単元「読んで感じたことを伝え合おう」］

# 21 ダブルマップで整理しよう　「初雪のふる日」（光村図書）

## ▼1　単元の特徴

本教材の特徴として、「色彩語」「繰り返し」「修飾語」「対比」の言葉や表現、「現実と異世界の往還構造」が挙げられる。児童には、自分の考えや感想が作品のどの特徴と結びついているかを考えさせ、短作文による効果的な共有をさせていきたい。

## ▼2　単元のねらい

・作品の言葉や表現に基づいた感想や考えを短作文に書き、共有することで、感じ方等に違いがあることに気付くことができる。（思C(1)エオカ）

・様子や行動、気持ちや性格を表す語句を文章の中で使い、語彙を豊かにすることができる。（知(1)オ）

## ▼3　単元の計画

1～6　学習計画設定、自分の感想と作品の表現や構造と結びつけながら読み進める。

7・8　「手引き・ワークシート」を使用し、自分の考えを書き表したものを、他者と共有することで、感じ方等に違いがあることに気付く。

## ▼4　手引き・ワークについて

・手引きの特徴：自己の変容・作品の引用・「ダブルマップ」で整理し、考えを形成する。

・ワークシートの特徴：書き出し・接続語・読み手に留意して、記述・推敲・共有する。

この短作文では、児童の「変容」してきた感想や考えを書き表すことに重点を置いている。そこで自己の変容を可視化させる「ダブルマップ」を活用した手引きを作成した。ダブルマップは読み取りの授業の中で少しずつ埋めていくことを想定している。また、ワークシートである原稿用紙に何を書けばよいかを明らかにし、書き出しや接続語、読み手を書き加えた上で児童に配布したい。

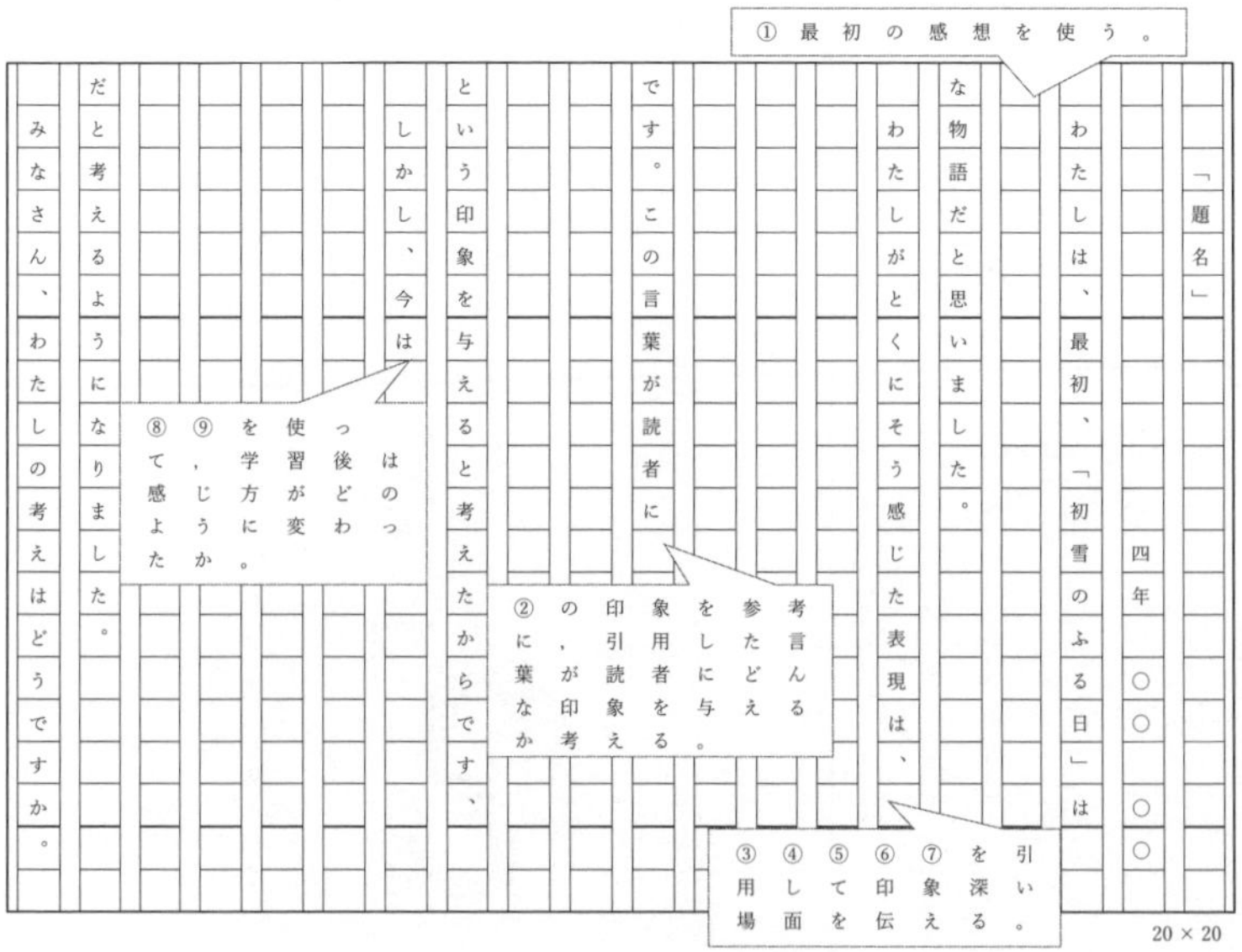

# ダブルマップで整理しよう

名前

手順《じゅん》
①自分の考えや、作品から引用する言葉などを、ダブルマップで整理する。
②四〇〇字の原こう用紙に書く。
③友達《だち》と交かんして読み合い、感想を交流する。
④短作文の書き方をふり返る。

（１）ダブルマップで整理してみよう。

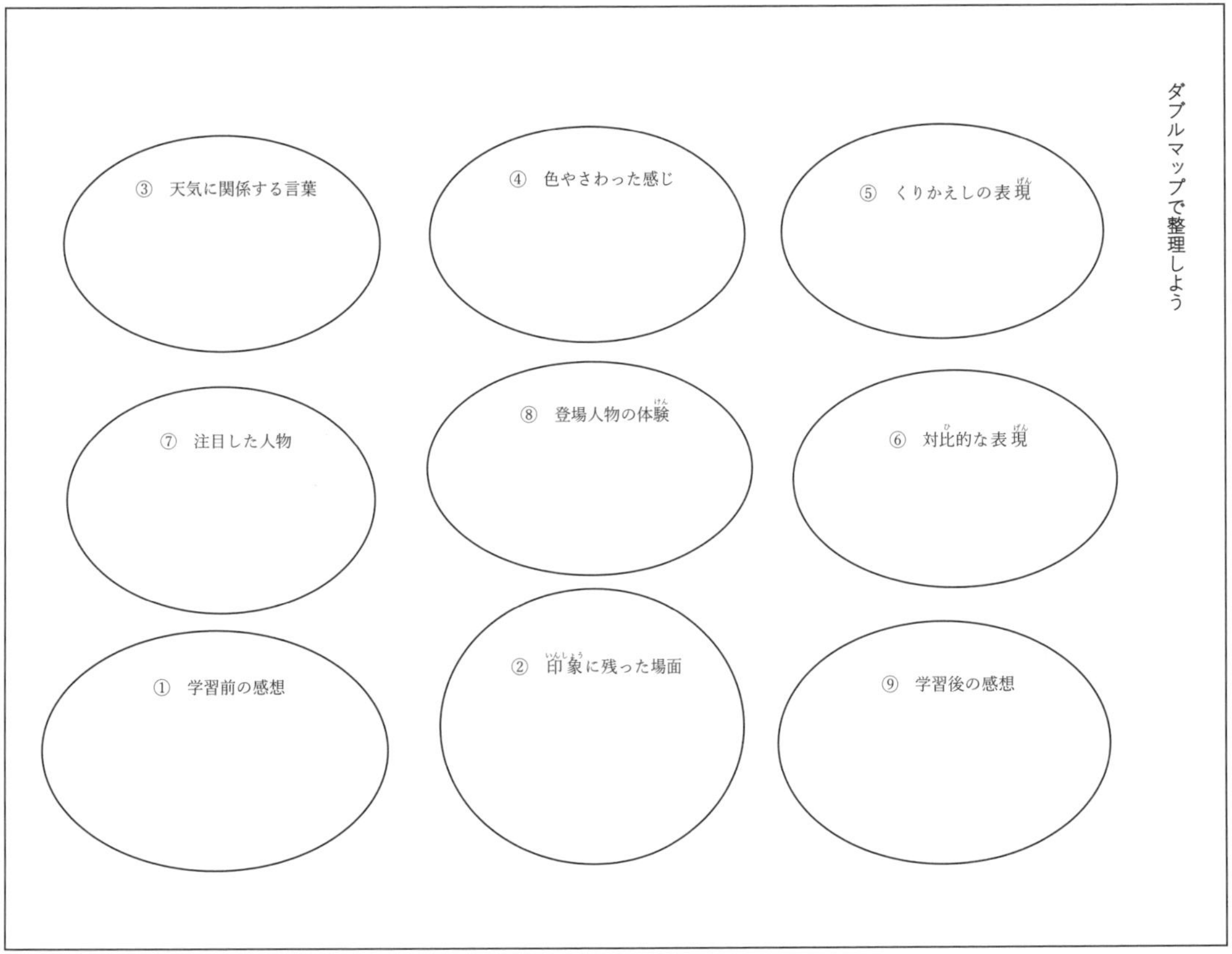


（２）原こう用紙に書いてみよう。

変容　引用　反論

22

［5年・読むこと・単元「登場人物どうしの関わりをとらえ、感想を伝え合おう」］

# ダブルマップで可視《かし》化しよう

「なまえつけてよ」（光村図書）

## ▼1　単元の特徴

本教材文の特徴として、読者の児童と等身大の人物の日常が描かれている点が挙げられる。「人物像」「心情の変化」や人物どうしのかかわりの変化のきっかけを考えさせたい。児童は、登場人物の心情や人間関係に着目して読みながら、登場人物どうしの感想を伝え合うことで、自分の考えが広がったり深まったりしたことをまとめられるようにする。

## ▼2　単元のねらい

・登場人物の相互関係や心情などについて、描写を基に捉えることができる。（思C(1)イ）

## ▼3　単元の計画

1〜3　出来事を通して、登場人物の関係がどのように変化したかを考えながら読み進める。

4　「手引き・ワークシート」を使用し自分の考えを書き表し、伝え合うことで、自分の考えが広がったり深まったりしたことをまとめる。

## ▼4　手引き・ワークについて

・手引きの特徴：二人の関係の変容・一つ一つの言動や情景の引用・「ダブルマップ」で整理し、考えを形成する。

・ワークシートの特徴：書き出し・接続語・読み手に留意して、記述・推敲・共有する。

この短作文では、児童が本文のどこに魅力を感じたのか、言動や情景を引用しながら、二人の関係の変化に対する自分の考えを書き表すことに重点を置いている。そこで、自分の考えを可視化させる「ダブルマップ」を活用する。初発の感想と学習後の感想がどのように変容したか、その変容を支えた作品の特徴は何か、について整理するものである。また、ワークシートとして五〇〇字原稿用紙に書き出し・接続語を書き加えた上で児童に配布したい。

五年
私は、この物語に書かれている二人の関わりについて、はじめは
関係だと思っていました。
でも、学習を進めているうちに、
だと思うようになりました。
なぜそう思ったのかというと、作品の中で次のことに気がついたからです。

今回の学習で、
ということを学びました。これからの私は、

20 × 20

なまえつけてよ

# ダブルマップで可視化《かし》しよう

名前

手順

①自分の考えや、作品から引用する言葉などを、ダブルマップですいこうする。
②五〇〇字の原こう用紙に書く。
③友達と交かんして読み合い、感想を交流する。
④短作文の書き方をふり返る。

⑤本文の表現《げん》

①注目した登場人物の名前

⑥人物の行動

⑦注目した出来事

②印象《しょう》に残った場面

⑧登場人物の会話

④学習前の自分の気持ち

③学習後の自分の気持ち

←情報《じょうほう》を整理してまとめてみよう！

①注目した登場人物の名前を書こう。

②印象《しょう》に残った場面はどこだったかな？

③学習後の自分の気持ちは、登場人物や物語の内容《よう》についてどう変わったかな？

④学習前の感想や印象《しょう》はどうだったかな？

⑤本文から自分の変化の理由になるような表現《げん》をぬき出そう。（地の文から）

⑥行動に注目して、変化の理由になる文章をぬき出そう！

⑦どの出来事が重要だった？

⑧登場人物の会話でかぎになる部分はどこだったかな？　ぬき出してみよう。

23

# 作品との出会いから感じた自分の変容《よう》を文にしてみよう

［5年・読むこと・単元「伝記を読み、自分の生き方について考えよう」］

「やなせたかし―アンパンマンの勇気」（光村図書）

## ▼1　単元の特徴

本教材の特徴として、「人物の行動・会話・心情が物語のようにして書かれている」「伝記を通して他者の考え方と自分自身をかさねて考える」といった点が挙げられる。児童には、自身の考えの変容を、本文を引用しながら考えさせたい。

## ▼2　単元のねらい

・文章を読んで理解したことに基づいて、自分の考えをまとめることができる。（思C(1)オ）

・登場人物の相互関係や心情などについて、描写を基に捉えることができる。（思C(1)イ）

## ▼3　単元の計画

1　学習課題・学習計画を立てる。

2・3　本文から、登場人物がどんな人物だと思うかをまとめる。

4・5　自分が選んだ伝記を読んで、考えたことをまとめ、友達と読み合い交流する。

## ▼4　手引き・ワークについて

・手引きの特徴：作品と出合う前後の自分を比較させ、変容のきっかけを本文から考えさせたい。自分の生き方に取り入れたい内容をもとに、自分のこれからを考えられるようにする。

・ワークシートの特徴：ワークシートとして原稿用紙に書き出しや接続語を書き加えた上で児童に配布したい。児童が自身の変容を伝記に触れる前後で比較し、叙述をもとにしてこれからの生き方などについて考えをもち、整理するものとする。

今までの私は、
しかし、伝記『作品名』の中の、○○
さんは
本文に、このような言葉があった。
だから、これからの私は、

やなせたかし—アンパンマンの勇気

# 作品との出会いから感じた自分の変容《よう》を文にしてみよう

名前

手順

①伝記を読んで、読む前と読んだ後の自分の変容《よう》（考え方が変わった、こうなりたい）を書き出す。
②変化のきっかけになる本文をぬき出す。
③きっかけとなる一文からどんなことを感じたのか（変化の理由）を書く。
④今までの自分はどうだったかをふり返って書く。
⑤これからどうしていこうと思ったかを書く。
⑥原こう用紙に、書き出しにそって書く。

作文の題名：

①読んだ後の自分

③読む前の自分（考え方・体験）

④これからの自分

②きっかけになった本文

24

# くふうシートに書いてみよう

「仕事のくふう、見つけたよ」（光村図書）

［3年・書くこと・単元「組み立てを考えて、ほうこくする文章を書こう」］

## ▼1 単元の特徴

本教材は、身の回りにある仕事から、興味のある仕事について調べて報告文にまとめるものである。どのようなことを「工夫」としてとらえ、どのように組み立てると伝わりやすい文章になるかを考えさせ、短作文による効果的な共有をさせていきたい。

## ▼2 単元のねらい

・文章に対する感想や意見を伝え合い、自分の文章のよいところを見付けながら報告する文章を書くことができる。（思B(1)オ）

・比較や分類の仕方、必要な語句などの書き留め方、引用の仕方や出典の示し方、辞書や事典の使い方を理解し使うことができる。（知(2)イ）

## ▼3 単元の計画

1〜10　学習計画設定、興味のある仕事について調べる。

11・12　「手引き・ワークシート」を使用し調べたことを報告する文章を他者と共有して、感想や意見を伝え合う。

## ▼4 手引き・ワークについて

・手引きの特徴：調べて分かったことの引用・「くふうシート」で整理する。

・ワークシートの特徴：書き出し・接続語・読み手に留意して、記述・推敲・共有する。

この短作文では、調べて分かったことを「引用しながら、その中に見出した「工夫」や自分の考えを書き表すことに重点を置いている。そこで、調べて分かったことだけではなく「児童の考え」を引き出すための「くふうシート」を活用した手引きを作成した。これは、調べて分かったことが「何のために」行われているのかを問い、児童の考えを引き出すものである。また、ワークシートとして三〇〇字原稿用紙を用意し、書き出し・接続語・読み手を書き加えた上で児童に配布したい。

（下図参照）

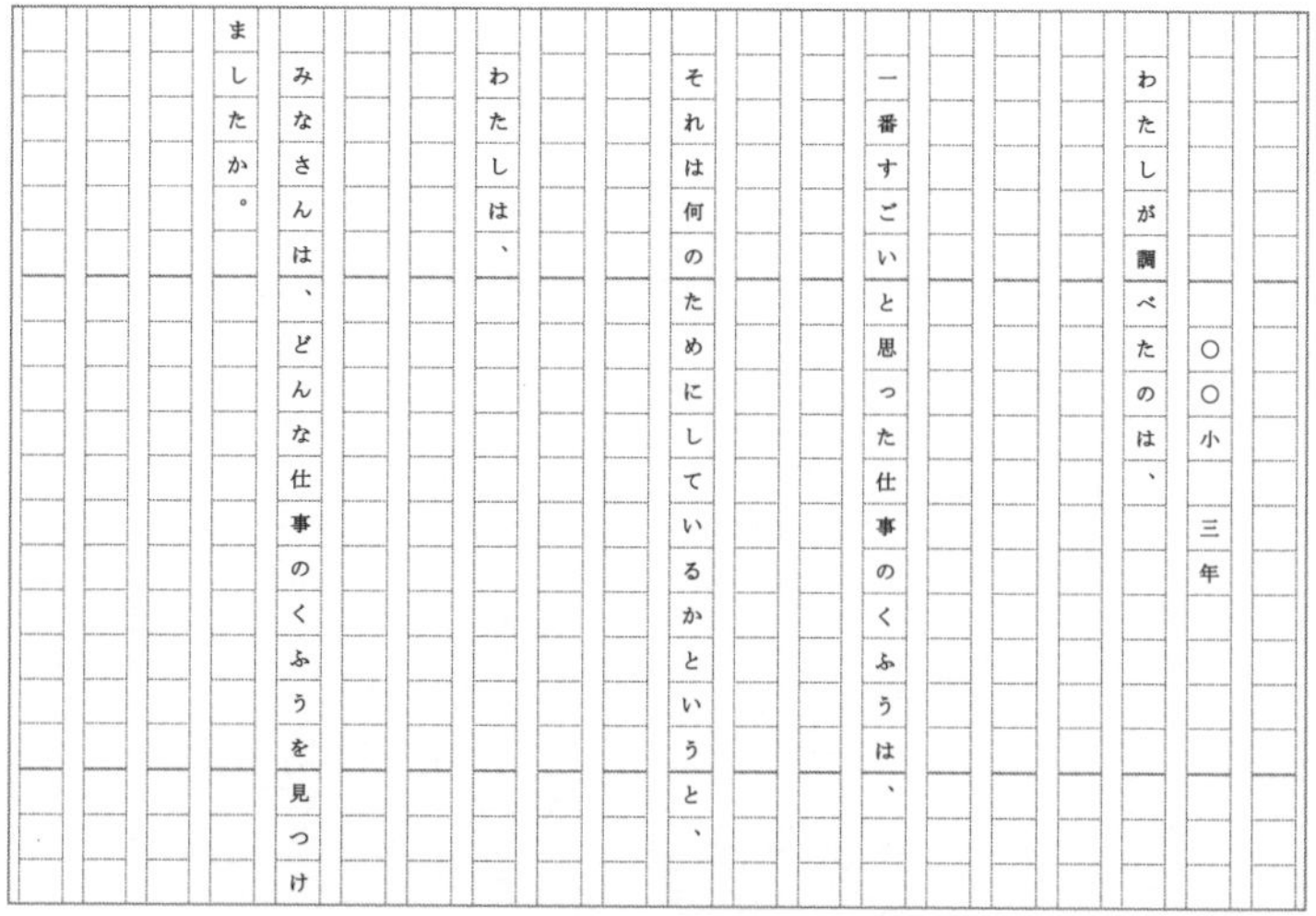


20×20

# くふうシートに書いてみよう

名前

手じゅん

①調《しら》べて分かったことと、自分で考えたことをくふうシートで整《せい》理する。
②三〇〇字の原こう用紙に書く。
③友だちと交かんして読み合い、感想《かんそう》を交流《りゅう》する。
④短《たん》作文の書き方をふり返《かえ》る。

## （1）くふうシートで整《せい》理しよう。

| 仕事のくふう | 何のために | 考えたこと |
| --- | --- | --- |
| 仕事を分たんする<br>交たいで休む | 朝早くから<br>夜おそくまで<br>きかいを動《うご》かすため | たくさんのせい品《ひん》を作るために、きょう力し<br>てはたらくくふうをしていることが分かった。 |
| | | |
| | | |

## （2）原こう用紙に書いてみよう。

［3年・書くこと・単元「つたわる言葉」］

# 引用を意《い》しきしよう　「ことわざ・故事成語」



## ▼1　単元の特徴

本教材では、我が国で長い間親しまれてきたことわざ・故事成語の意味を理解するとともに、その意味を知ることで先人の知恵や教訓を自らの生活に生かすことをねらう。児童には、単に調べるだけで終わらず、自らの生活と関連させることで自分なりの視点でことわざ・故事成語を見つめさせる。そのために、短作文による効果的な共有をさせていきたい。

## ▼2　単元のねらい

・目的を意識して、伝えたいことを明確にすることができる。（思B(1)ア）
・長い間使われてきたことわざや故事成語の意味を知り、使うことができる。（知(3)イ）

## ▼3　単元の計画

1・2　学習計画設定、ことわざや故事成語について知る。
3・4　「手引き・ワークシート」を使用して自分の考えを書き表したものを、他者と共有することで、日常生活でことわざや故事成語を使おうとすることができる。

## ▼4　手引き・ワークについて

・手引きの特徴：調べたことわざ・故事成語について意味を書いたり例文を考えたりする。
・ワークシートの特徴：書き出し・文末表現に留意して、記述・推敲・共有する。

この短作文では、児童の「変容」してきた感想や考えを書き表すことに重点を置いている。そこで、自己の変容を可視化させる「ダブルマップ」を活用した手引きを作成した。これは、初発の感想と学習後の感想がどのように変容したか、その変容を支えた作品の特徴は何か、について整理するものである。また、ワークシートとして三〇〇字原稿用紙に、書き出し・接続語を書き加えた上で児童に配布したい。（下図参照）

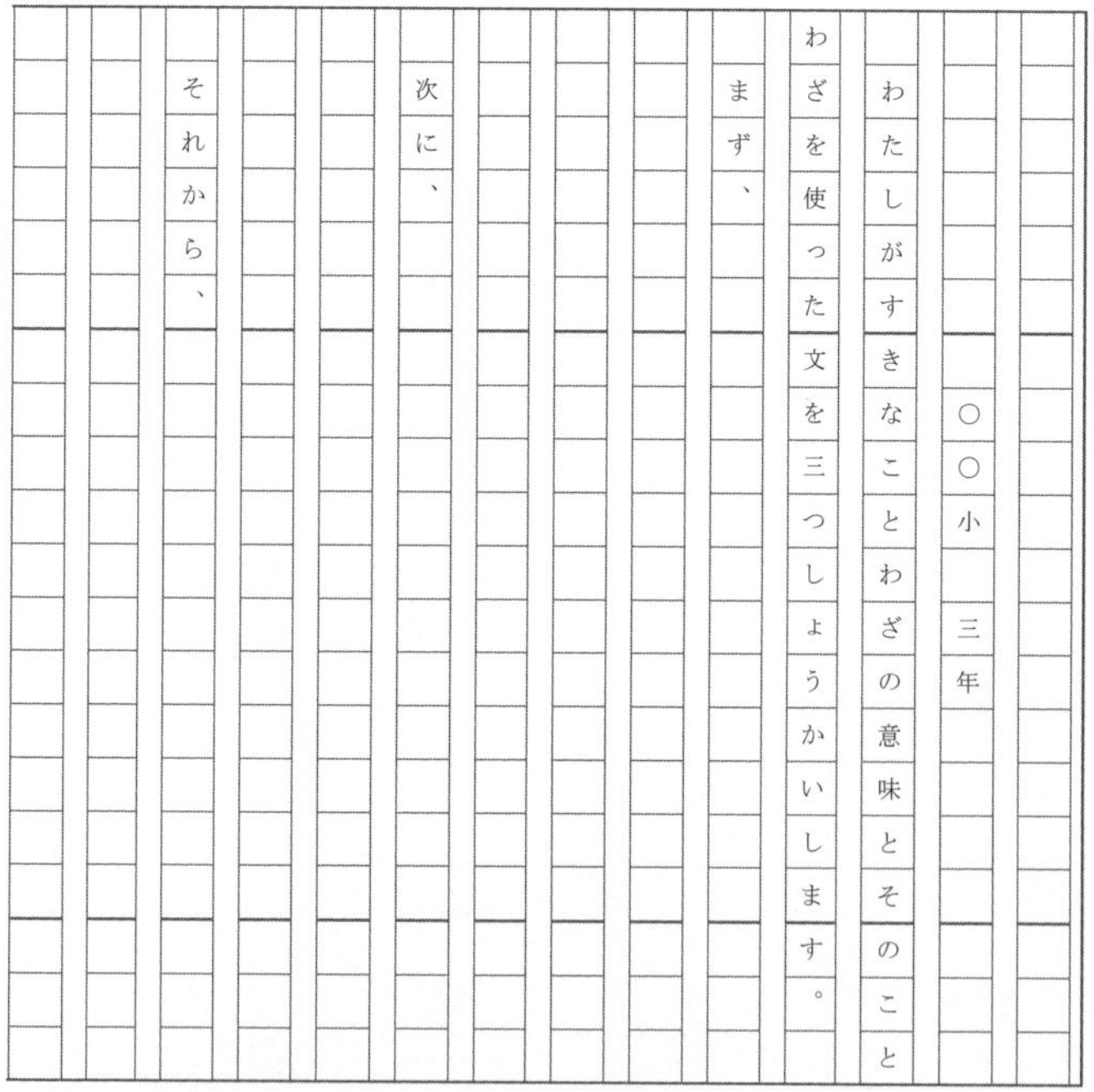

ことわざ・故事成語

# 引用を意《い》しきしよう

名前

手じゅん

①すきなことわざ・故事成語《こじせいご》を三つえらんで、意味《いみ》・れい文をワークシートで整《せい》理する。
②三〇〇字の原こう用紙に書く。
③友だちと交かんして読み合い、感想《かんそう》を交流《りゅう》する。
④短《たん》作文の書き方をふり返《かえ》る。

（１）ワークシートで整《せい》理しよう。

| | | | |
|---|---|---|---|
| ことわざ・故事成語《こじせいご》 | | | |
| 意《い》味《み》 | | | |
| れい文 | | | |

（２）原こう用紙に書いてみよう。

〔3年・読むこと・単元「せつめいする文章を読んで、かんそうをつたえ合おう」〕

# 26 文章《しょう》こうせい図に書いてみよう　「ありの行列」（光村図書）

## ▼1　単元の特徴

本教材は、「はじめ・中・終わり」の構成になっており、何を説明し、結論は何かが読み取りやすい文章になっている。筆者の説明を正確に読み取った上での感想を、短作文によって効果的に共有させたい。

## ▼2　単元のねらい

・文章を読んで感じたことや考えたことを短作文に書き、共有することで一人一人の感じ方などに違いがあることに気付くことができる。（思C(1)カ）

・主語と述語との関係、修飾と被修飾との関係、指示する語句と接続する語句の役割、段落の役割について理解することができる。（知(1)カ）

## ▼3　単元の計画

1～4　学習計画設定、筆者の説明を正確に読み取る。

5～7　手引きに筆者の考えと自分の考えを整理し、「ワークシート」に書き表す。それを他者と共有することで、感じ方等に違いがあることに気付く。

## ▼4　手引き・ワークについて

・手引きの特徴：「文章構成図」で整理し、考えを形成する。文章構成図の四角の枠には、筆者の考えを引用し、上から順番に「ものがよく見えないのになぜありの行列ができるのか？」「ウイルソンの実験」「はじめのありと同じ道を通る」「石をおくと行列がちりぢりになった」「道しるべになるもの？」「おしりからとくべつのえきを出している」「においをたどって行列をつくっている」等を書き込ませるとよい。吹き出しには、それぞれの段落の内容について、児童が考えたことを書く。

・ワークシートの特徴：書き出し・接続語・読み手に留意して、記述・推敲・共有する。

この短作文では、「ありの行列」で説明されたことを引用し、それをもとに自分の感想や考えを書き表すことに重点を置いている。ワークシートとして、三〇〇字原稿用紙に「ありは、ものがよく見えないのになぜ行列ができるのでしょうか。それは、」「もっと知りたいことは、」などの書き出しを書き加えた上で児童に配布したい。（下図参照）

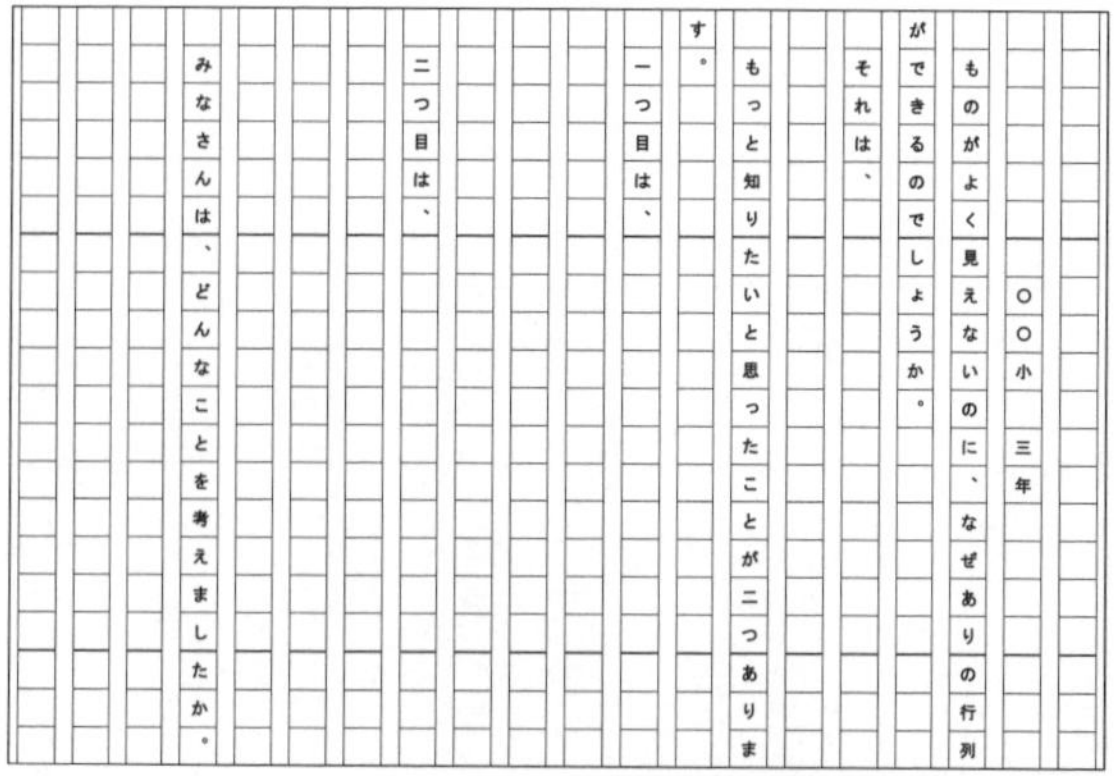

ありの行列

# 文章《しょう》こうせい図に書いてみよう

名前

手じゅん

①ありの行列の内ようと、自分が思ったことを文章《しょう》こうせい図に整《せい》理する。
②三〇〇字の原こう用紙に書く。
③友だちと交かんして読み合い、感想《かんそう》を交流《りゅう》する。
④短《たん》作文の書き方をふり返《かえ》る。

（１）文章《しょう》こうせい図に、筆者《ひっしゃ》の考えと、自分が考えたことを書いてみよう。

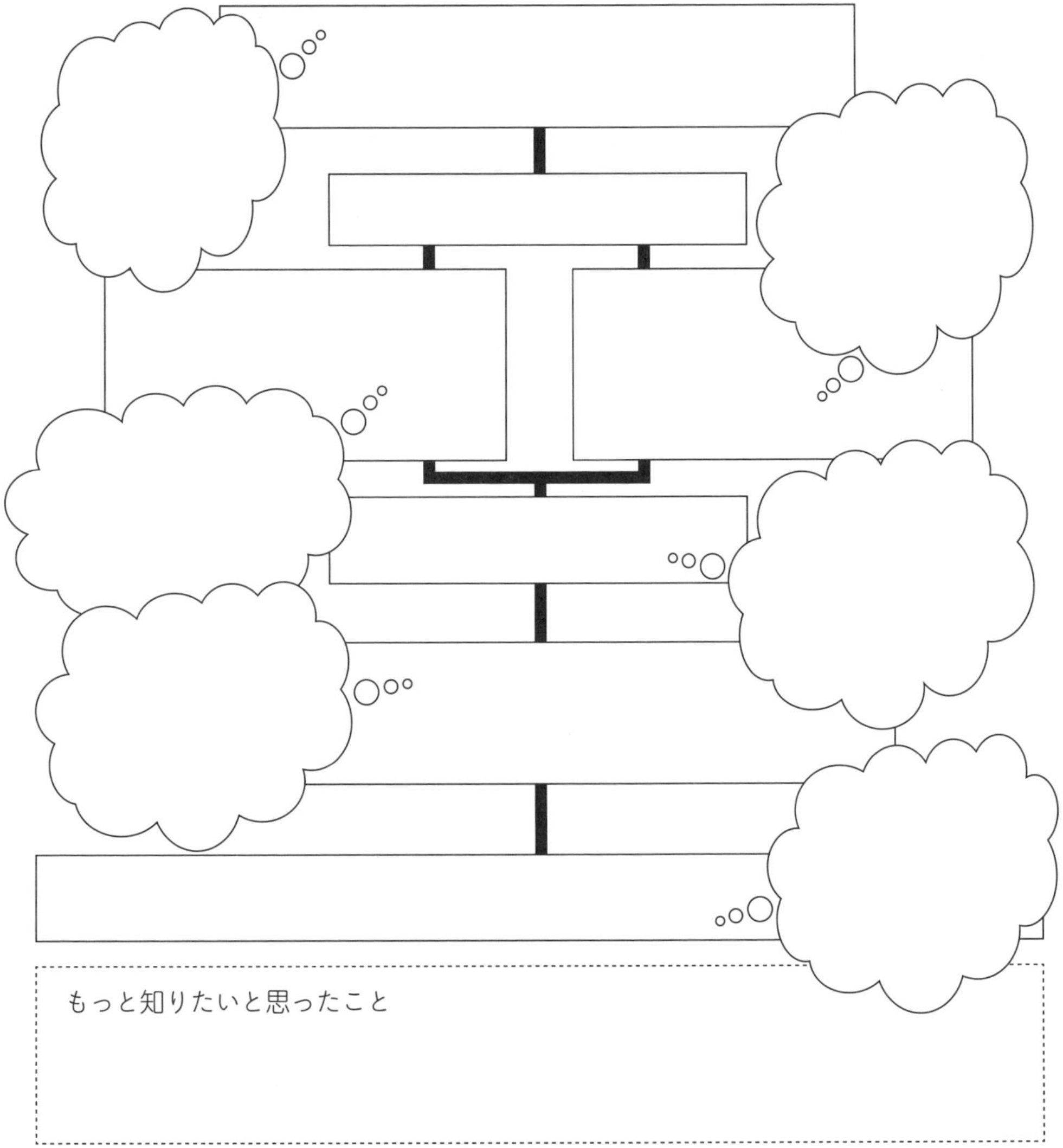


（２）原こう用紙に書いてみよう。

27

[3年・書くこと・単元「しょうかいして、感想をつたえ合おう」]

# しょうかいしたい理由《ゆう》をマップで書こう

## 「これがわたしのお気に入り」（光村図書）

### ▼1 単元の特徴

本教材の表現様式の特徴として、様子や行動、気持ちや性格を表す語句が豊富であることが挙げられる。紹介文を書く際には、自分が選んだ作品のよさを伝えるために、紹介したい理由を明確にしながら考えさせ、短作文による効果的な共有をさせていきたい。

### ▼2 単元のねらい

・自分の考えとそれを支える理由と事例との関係を明確にして書き、共有することで、自分の文章のよいところに気付くことができる。（思B(1)ウエオ）

・様子や行動、気持ちや性格を表す語句を文章の中で使い、語彙を豊かにすることができる。（知(1)オ）

### ▼3 単元の計画

1～10 学習計画設定、紹介したい作品を選び、図をかいて作品について詳しく書き出した後、組み立てメモを作り、紹介する文章を書く。

11・12 書いた文章を読み合い、文章に対する感想や意見を伝え合い、自分の文章のよいところを見つける。

### ▼4 手引き・ワークについて

・手引きの特徴：作品の引用・「マップ」で整理し、考えを整理する。

・ワークシートの特徴：書き出し・接続語・読み手に留意して、記述・推敲・共有する。

この短作文では、児童が紹介したい作品のよさを書き表すことに重点を置いている。そこで、紹介したい作品の説明や紹介したい理由を可視化させるマップを活用した手引きを作成した。これは、材料・作り方・使い方などの作品の説明と紹介したい理由について整理するものである。また、ワークシートとして四〇〇字原稿用紙に、書き出し・接続語・読み手を書き加えた上で児童に配布したい。（下図参照）

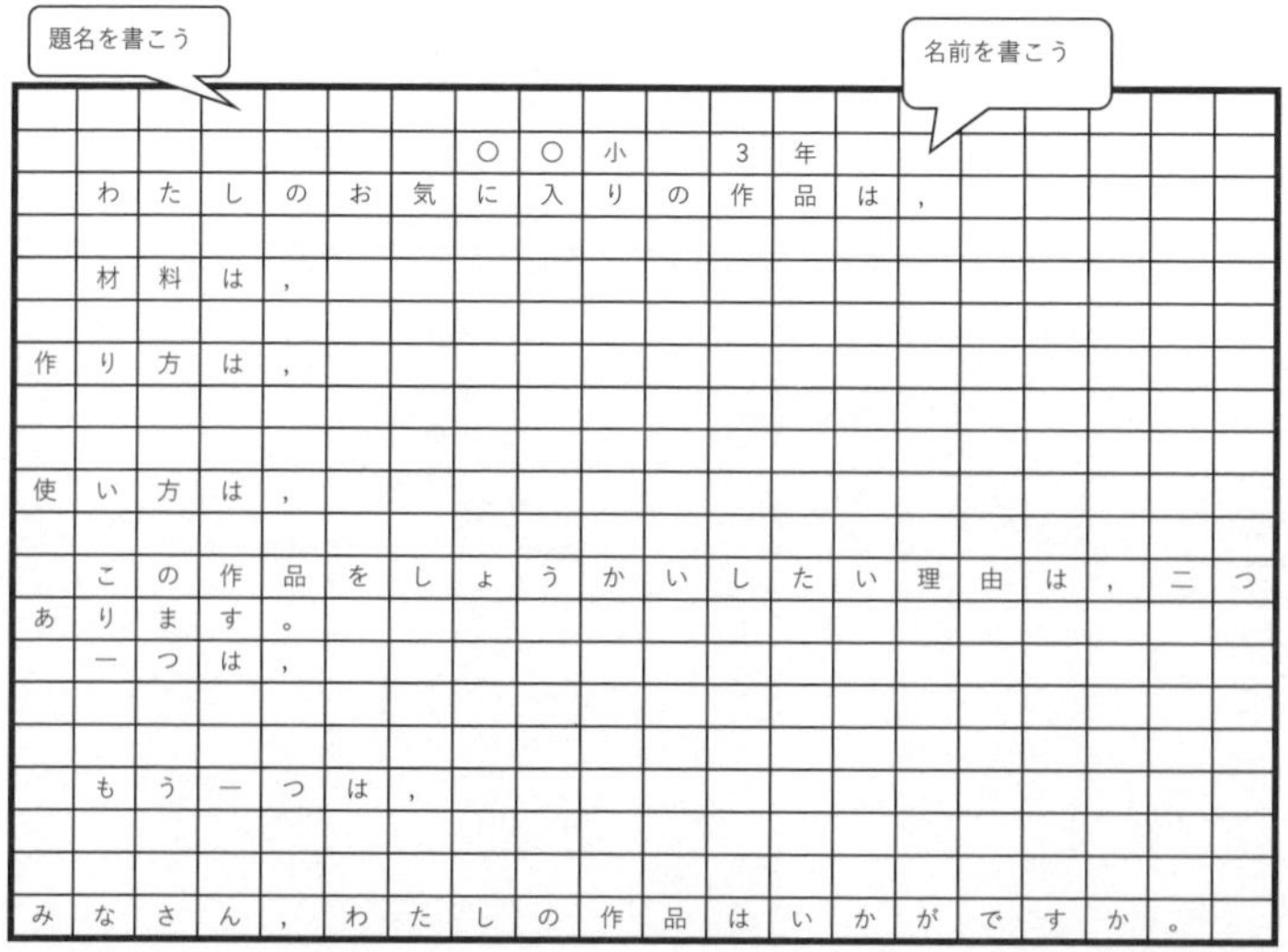

# しょうかいしたい理由《ゆう》をマップで書こう

名前

手じゅん

①自分の考えや、作品《ひん》のせつ明やしょうかいしたい理由《ゆう》を、マップで整《せい》理する。
②四〇〇字の原こう用紙に書く。（三〇〇字ほどを目ひょうとする。）
③友だちと交かんして読み合い、感想《かんそう》を書く。
④短《たん》作文の書き方をふり返《かえ》る。

**（１）理由《ゆう》をマップに書こう。**

**【書きたいことを形にしよう】**

【これがわたしのお気に入り：しょうかいしたい理由《ゆう》をマップに書こう】

この作文の題《だい》名

①えらんだ作品《ひん》

②ざいりょう

④使《つか》い方

③作り方

⑤理由《ゆう》１

⑥理由《ゆう》２

作品《ひん》のせつ明

しょうかいしたい理由《ゆう》

**（２）原こう用紙に書いてみよう。**

［4年・書くこと・単元「事実をわかりやすくほうこくしよう」］

# 28 付《ふ》せんを使って新聞のこう成《せい》を考えよう

「新聞を作ろう」（光村図書）

## ▼1 単元の特徴

本単元では、新聞の構成などの特徴を知り、記事にすることを決めて、伝えたいことが明確になるように文章を書くことができる力の育成を図る。また、新聞を作るとき、「読み手に分かりやすいように」という相手意識をもち、同時に「誤りのないように」「伝えたいことが伝わるように」という目的意識をもって書くことが重要である。さらに、文章の間違いを直したり、よりよい表現に書き直したりする推敲力の育成も大切である。

## ▼2 単元のねらい

・相手や目的を意識して、経験したことから書くことを選び、集めた材料を比較したり分類したりして、伝えたいことを明確にすることができる。（思B(1)ア）

・書く内容の中心を明確にし、内容のまとまりで段落をつくったり、段落相互の関係に注意したりして、文章の構成を考えることができる。（思B(1)イ）

## ▼3 単元の計画

1〜3　学習計画設定、手順の確認。

4〜12　取材したことの中から、「手引き・ワークシート」を活用し記事の下書きを書く。

## ▼4 手引き・ワークシートについて

・手引きの特徴：相手意識をもち、一番伝えたいことを明確にしながら、付箋で整理し、記事の下書きを書く。

・ワークシートの特徴：付箋を活用しながら、自分が書きたいことを明確にし、読み手に留意して、記述・推敲・共有する。新聞作りでは、読み手を意識しながら、みんなが知りたい事実を分かりやすく伝えることが重要である。アンケートやインタビューを通して、多くの情報を順序立てて書くだけでなく、読み手に伝わりやすいよう情報の吟味も重要となる。

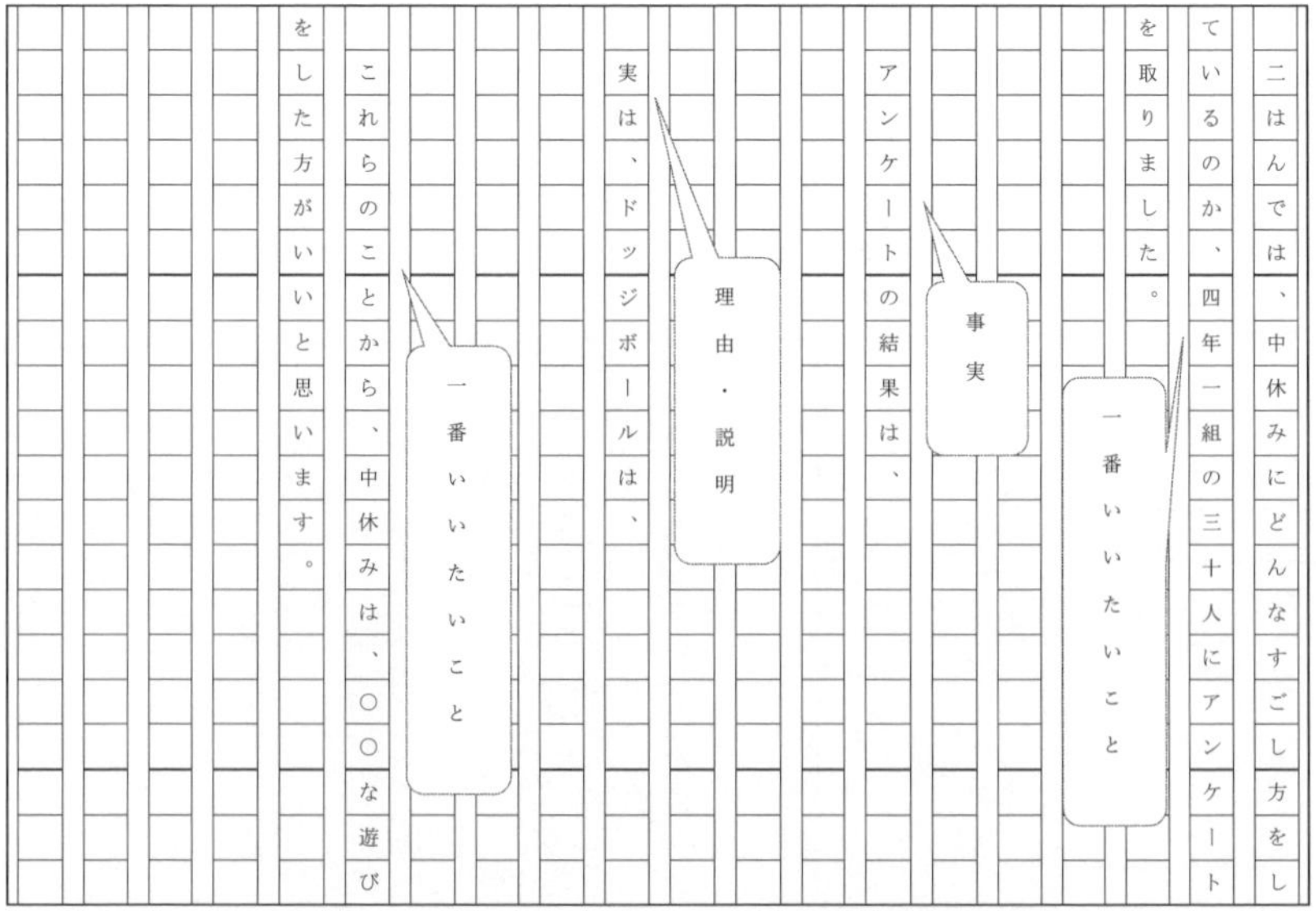

# 付《ふ》せんを使って新聞のこう成《せい》を考えよう

名前

手順《じゅん》

①インタビューしたことやアンケートから分かること、相手に伝えたいことなどを付《ふ》せんに記入する。

②付《ふ》せんをワークシートにはり、整理する。この時に必要《ひつよう》なものだけを残《のこ》すよう気をつける。

③四〇〇字の原こう用紙に書く。

④友達《だち》と交かんして読み合い、感想を交流する。

⑤自分の記事をふり返り、わり付《つ》けを行い、新聞を完成《かんせい》させる。

**（1）ワークシートを使って書きたいことを付《ふ》せんに書いて組み立てよう。**

トップ記事に書きたいことを、付《ふ》せんに書いて組み立てよう。

・4色の付《ふ》せんに書きたいことをかん単《たん》に書こう。
・付《ふ》せんを、□の中にはりながら、下書きの組み立てを考えよう。
・できた人は、友達《だち》に見せながら、お話しよう。

見出し

①記事の書き出し＝ピンクの付《ふ》せん（一番言いたいこと）

②事実＝黄色の付《ふ》せん（正しく伝わるように気をつける）

③知らない人が読んでも分かるような説《せつ》明＝白の付《ふ》せん（必要《ひつよう》なことだけ）

④記事の終わり＝青色の付《ふ》せん（一番伝えたいこと。①を強調する。）

**（2）記事の下書きを原こう用紙に書いてみよう。**

［4年・書くこと・単元「中心となる語や文を見つけて要約し、調べたことを書こう」］

# 29 書きたいことを、文章の組み立て表に書こう

「伝統工芸のよさを伝えよう」（光村図書）

## ▼1 単元の特徴

本教材は、「世界にほこる和紙」を読み、文章構成や中心となる語や文を見つけて要約する学習を通して、伝統工芸に関する本を読み、伝統工芸のよさが書かれていると思う部分を中心に要約し、伝統工芸についての紹介文を作成する単元である。

## ▼2 単元のねらい

・目的を意識して、中心となる語や文を見付けて要約することができる。（思C(1)ウ）

・自分の考えとそれを支える理由や事例との関係を明確にして、書き表し方を工夫することができる。（思B(1)ウ）

## ▼3 単元の計画

1～5　「世界にほこる和紙」を読み、中心となる語や文を見つけて要約する。

6～16　伝統工芸に関する本を読み、伝統工芸のよさが書かれていると思う部分を中心に要約し、「手引き・ワークシート」を使用し自分の考えを書き表したものを、他者と共有する。

## ▼4 手引き・ワークについて

・手引きの特徴：作品の引用・「組み立て表」で整理し、考えを形成する。

・ワークシートの特徴：書き出し・接続語・読み手に留意して、記述・推敲・共有する。

他の伝統工芸について「組み立て表」を活用した手引きを作成した。これは、調べた内容を「はじめ」「中」「終わり」の組み立て表に整理する。また、「世界にほこる和紙」の文章構成を参考にしたワークシート（四〇〇字原稿用紙に、書き出し・接続語を書き加えた）を児童に配布し、伝統工芸品についての紹介文を書かせたい。（下図参照）

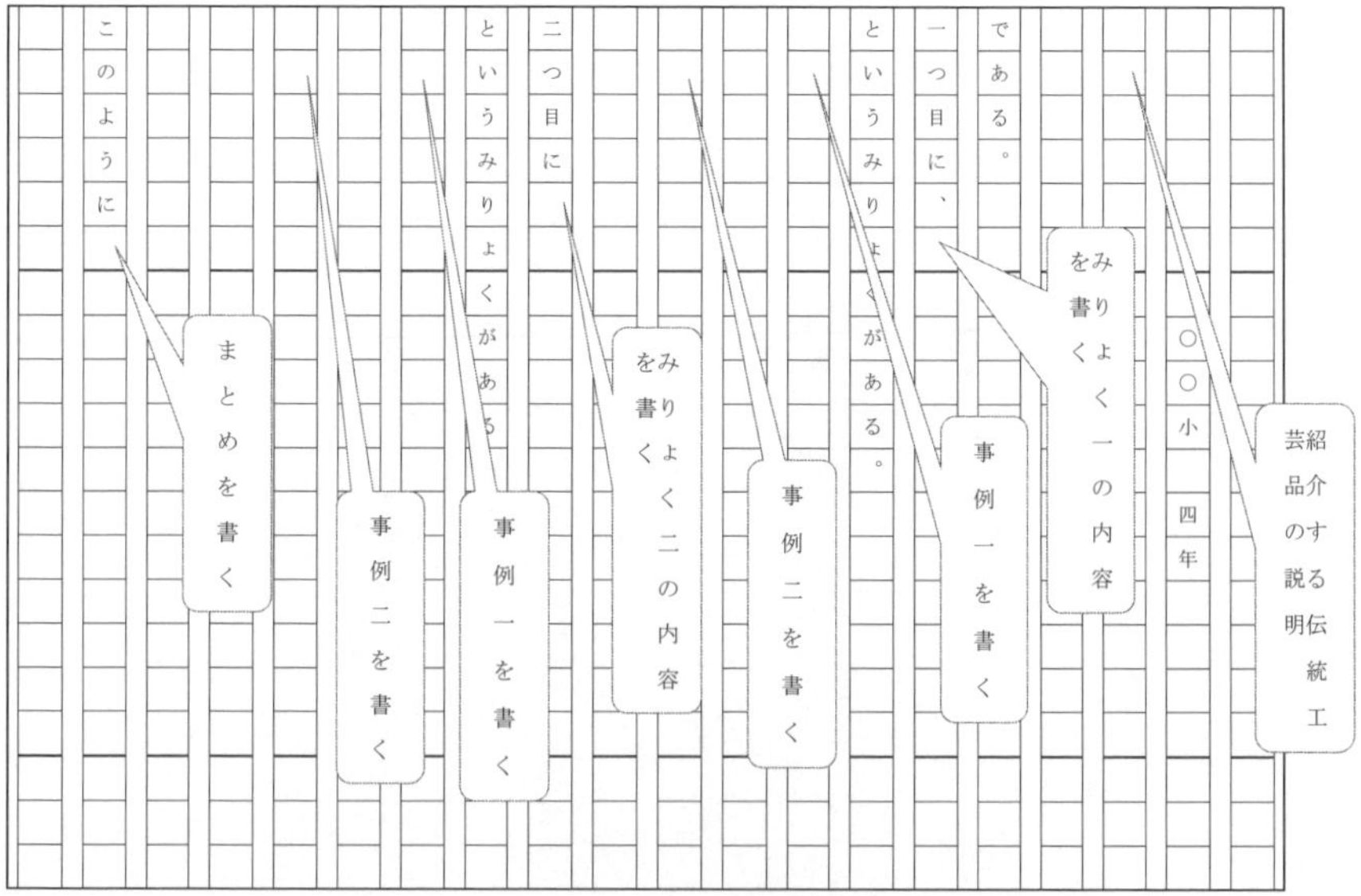

# 書きたいことを、文章の組み立て表に書こう

名前

手順《じゅん》

①「はじめ」の部分で、自分のしょうかいする伝統工芸品について説明《せつ》する。
②「中」の部分に「みりょく一」を記入する。事例《れい》をしょうかいする。
③「みりょく二」を記入する。事例《れい》をしょうかいする。
④「まとめ」を書く。
⑤四〇〇字の原こう用紙に書く。
⑥友達《だち》と交かんして読み合い、感想を交流する。
⑦自分の記事をふり返り、わり付《つ》けを行い、新聞を完成《かんせい》させる。

**（１）ワークシートを使って書きたいことを組み立て表にしたがって書こう。**

| | 【例《れい》】 | |
|---|---|---|
| はじめ | 博多おりの説《せつ》明<br>博《はか》多《た》おりには、さまざまなみりょくがある。 | 「　　　　」の説《せつ》明 |
| 中 | みりょく一　使いやすさについて<br>・ゆるみにくくほどきやすい。<br>・着物の帯《おび》に使われる。<br>・武《ぶ》士《し》が刀を差《さ》す時の帯《おび》にした。<br>みりょく二<br>・先にもようを決め、糸をそめてから、おる。<br>・細かいきかがくもよう。 | みりょく一　使いやすさについて<br>・<br>・<br>・<br>みりょく二<br>・<br>・<br>・ |
| 終わり | まとめ | まとめ |

**（２）記事の下書きを原こう用紙に書いてみよう。**

［4年・書くこと・単元「考えたことを書き、読み合おう」］

# 文章こう成《せい》図に自分の考えを書こう

「もしものときにそなえよう」（光村図書）

## ▼1 単元の特徴

本教材は、自然災害対策を題材に意見文を書くものである。自分の主張を支える理由や具体例との関係を、文献を引用しながら書き表していく。短作文を読み合う中で、災害に関する知識を増やしたり心構えを作ったりするなど、効果的な共有をさせていきたい。

## ▼2 単元のねらい

・自分の考えとそれを支える理由や事例との関係を明確にして短作文を書き、共有することで、自分の文章のよいところを見付けることができる。（思B(1)ウオ）

・主語と述語との関係、修飾と被修飾との関係、指示する語句と接続する語句の役割、段落の役割について理解することができる。（知(1)カ）

## ▼3 単元の計画

1～9　学習計画設定、「手引き」を使用し、調べたことから伝えたいことの理由や例の対応、文章表現を明確にする。

10～12　「ワークシート」を使用し、自分の考えを書き表したものを、他者と共有することで、自分の文章のよいところを見つける。

## ▼4 手引き・ワークについて

・手引きの特徴：自分の考え・文献の引用を「組み立てメモ」で整理し、考えを形成する。

・ワークシートの特徴：はじめ・中・終わり、指示語・接続語・読み手に留意して、記述・推敲・共有する。

この短作文では、児童の主張を支える理由や具体例との関係を明確に書き表すことに重点を置いている。そこで、自分の考えをはっきりさせたり、文章の組み立てを考えやすくしたりするために、調べたことを整理する「組み立てメモ」を活用した手引きを作成した。これは、調べたことを通してどんなことが大切だと考えたか、自分の考えを支える理由や例は何かについて整理するものである。また、原稿用紙に書き出し・指示語・接続語・読み手・出典を書き加えた上で児童に配布したい。（下図参照）

わたしは、調べたことを通して、　　　の
時は　　　　　　が大切と考えました。
なぜなら、　　　「　　　」によると、
だからです。
もう一つ理由があります。
例えば、
これらの理由から、
が大切だと考えます。
皆さん、私の考えはどうですか。
〈出典〉

もしものときにそなえよう

# 文章こう成《せい》図に自分の考えを書こう

名前

手順《じゅん》

①文けんで調べたことを通して考えたことなどを書き出し、組み立てメモで整理する。
②四〇〇字の原こう用紙に書く。
③友達《だち》と交かんして文章を読み合い、感想を交流する。
④短作文の書き方をふり返る。

（１）文章こう成《せい》図（組み立てメモ）で整理しよう。

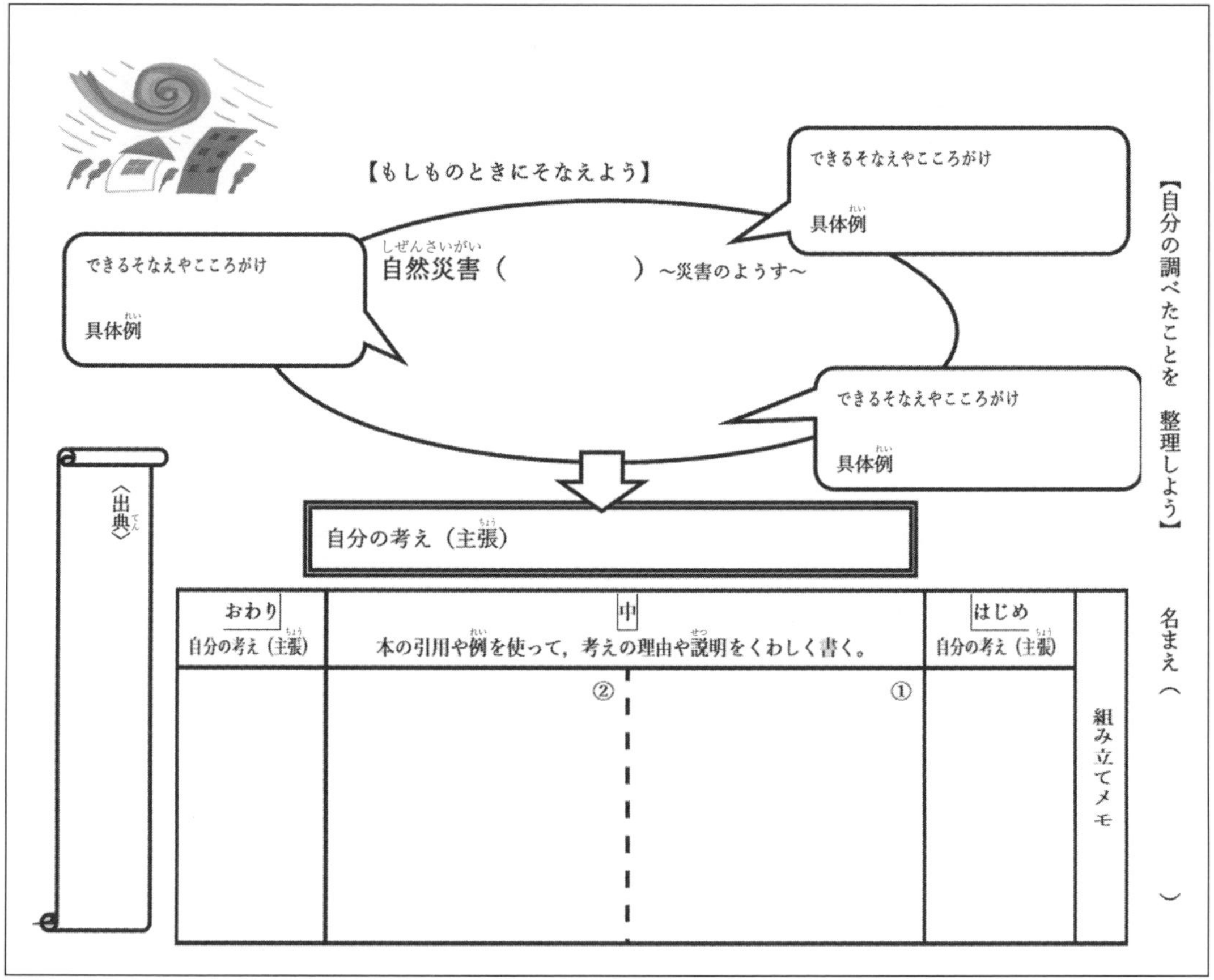


（２）原こう用紙に書いてみよう。

# 31 調べた事実を引用して、自分の考えを書こう

［5年・書くこと・単元「調べたことを正確に報告しよう」］

「みんなが過ごしやすい町へ」（光村図書）

## ▼1 単元の特徴

本教材では、必要な情報を資料から目的や意図に応じて集めて分類し、自分の考えを書いていく。集めた材料や資料を引用したり文章構成を工夫したりして、自分の考えを「報告のまとめ」として短作文にすることで、より説得力のある文章を書くことができるようにしたい。

## ▼2 単元のねらい

・文章構成や展開の特徴、自分の考えが伝わる書き方を理解することができる。（知(1)カ）

・目的や意図に応じて集めた材料を基に、引用したり、図表やグラフなどを用いたりして、事実を基に伝えたいことを書くことができる。（思B(1)アエ）

## ▼3 単元の計画

1～8　学習計画設定、テーマ設定、調べ学習。

9・10　手引きやワークシートを使用して考えを書き表したり、他者と共有したりする。

## ▼4 手引き・ワークについて

・手引きの特徴：資料の引用・自分の考えを整理してまとめる。

・ワークシートの特徴：集めた資料の引用による事実と、意見の書き分けに留意して、記述・推敲・共有する。

本単元におけるまとめの短作文では、調べて分かった事実を引用し、それを根拠にした自分の考えを提案の形で書くことに重点を置いている。調べた事実を正確に報告しながら考えを述べることで、より説得力のある文章にまとめていく。

また、ワークシートとして、四〇〇字原稿用紙に、自分の考えを述べるところから始まり、資料の引用、書き出しなどを書き加えた上で、児童に配布したい。

〇〇小

わたしは，みんなが過ごしやすい町をつく

るために，　　　　　　　　　　　　　が必

要だと思います。

『　　　　　　　　　　　　　　』という本

で　　　　　について調べました。す

ると，

ということや，

　　　　　　　　　　　　　　　ということ

が分かりました。このことから，わたしは

だと思いました。他にも，『

』のホームページを見ると，

　　　　　　　　　　　　　　　　　という

工夫をしていることも分かりました。このこ

とから，わたしは

だと思いました。

これからの調べたことから，みんなが過ごし

やすい町をつくるためには，

が必要だと思いました。

みんなが過ごしやすい町へ

# 調べた事実を引用して、自分の考えを書こう

名前

手順

①引用、自分の考えを整理する。
②原こう用紙に五〇〇字程《てい》度で書く。
③友達と読み合い、感想を共有する。
④短作文の書き方をふり返る。

**（１）整理しよう。**

過ごしやすい町にするために必要なこと

事実・資《し》料から分かったこと！

資《し》料・事実から考えたこと

**（２）原こう用紙に書いてみよう。**

# 32

［5年・話すこと・聞くこと・単元「事実と感想、意見とを区別して、説得力のある提案をしよう」］

## 「三角ロジック」で考えを整理しよう

「提案しよう、言葉とわたしたち」（光村図書）

### ▼1　単元の特徴

本教材の特徴として、理由と根拠を示すこと、他の立場から主張も見直すことで、相手を説得するような意見文を書くことが挙げられる。児童には、友達との交流を通して、もし反対の立場だったら何と言うか考えさせたい。

### ▼2　単元のねらい

・話の内容が明確になるように、事実と感想、意見とを区別するなど、話の構成を考えることができる。（思A(1)イ）

・資料を活用するなどして、自分の考えが伝わるように表現を工夫することができる。（思A(1)ウ）

### ▼3　単元の計画

1・2　学習計画、作例から書き表し方の工夫を見つける。

3～6　「手引き・ワークシート」を使用し自分の考えを他者と共有し、考えを広げたり、深めたりする。

### ▼4　手引き・ワークについて

・手引きの特徴：引用・「三角ロジック」で整理し、考えを形成する。

・ワークシートの特徴：自分の体験や調べた事実など、具体的な理由を入れて書く。

この短作文では、事実と感想、自分の考えを整理することに重点を置いている。そこで、自分の考えを整理できる「三角ロジック」を活用した手引きを作成した。これは、事実と感想、意見を区別し、自分が伝えたいことを整理するものである。また、ワークシートとして六〇〇字程度の原稿用紙に、書き出し・接続語を書き加えた上で児童に配布したい。

五年
みなさん、
していますか。
ですが、
大切です。
そこで、
提《てい》案します。
まず、
について、アンケートを取りました。
このことから、
分かりました。
インターネットを使って調べてみると、
20 × 20

分かりました。
このことから、
だと思います。
その第一歩として、
しませんか。
これで、わたしの提《てい》案を終わります。
20 × 20

# 「三角ロジック」で考えを整理しよう

名前

手順

①自分の考えや、調べたことなどを、「三角ロジック」で整理する。
②六〇〇字程《てい》度で原こう用紙に書く。
③友達と交かんして読み合い、感想を交流する。
④意見文の書き方をふり返る。

## （1）「三角ロジック」で整理しよう。

主張《ちょう》（提《てい》案したいこと）

わたしは（　　　　）を提《てい》案します。

事実　その一

事実その1：アンケート結果を書こう！

事実からどんなことが分かるかな？

理由

事実　その二

事実その2：インターネットで調べたことや自分の体験を書こう！

事実からどんなことが分かるかな？

理由

## （2）原こう用紙に書いてみよう。

[5年・読むこと・単元「すぐれた表現に着目して読み、物語のみりょくをまとめよう」]

変容　引用　反論

# 33 「三角ロジック」で書いてみよう 「大造じいさんとガン」（光村図書）

## ▼1 単元の特徴

本教材の表現様式上の特徴として、「情景描写」「人物像」「心情の変化」とそれらを感じさせる「効果的な表現」が挙げられる。

## ▼2 単元のねらい

・情景や場面についての描写、登場人物の相互関係や心情を捉え、優れた叙述について考えたことを短作文に書き、共有することで、それぞれの感じ方の違いがあることや優れた表現に気付くことができる。（思C(1)エオカ）

・様子や行動、気持ちや性格を表す語句を文章の中で使い、語彙を豊かにすることができる。（第3学年及び第4学年知(1)オ）

## ▼3 単元の計画

1～5　学習計画設定、作品の表現から感じ取った物語の魅力を結びつけながら読み進める。

6・7　「手引き・ワーク」を使用し自分の考えを書き表したものを他者と共有することで、感じ方等の違いに気付く。

## ▼4 手引き・ワークについて

・手引きの特徴：物語の魅力・優れた表現の引用を「三角ロジック」で整理し、考えを形成する。

・ワークシートの特徴：書き出し・接続語・読み手に留意して、記述・推敲・共有する。

この短作文では、児童が物語のどこに魅力を感じたのか、魅力を感じた表現を引用しながら、物語に対する自分の考えを書き表すことに重点を置いている。そこで、自分の考えを可視化する「三角ロジック」を活用した手引きを作成した。これは、物語の魅力（主張）と、どの表現（事実）から、どのように魅力を感じたのか作者の生き方や自分の経験を交えて（理由）整理するものである。

○○小　五年
この物語のみりょくは、
だと思います。
特に印象に残ったのは、「
」という表現です。
この表現には、
を感じました。
だから、この物語のみりょくは、

# 「三角ロジック」で書いてみよう

名前

手順

①椋鳩十さんの物語のみりょく（主張《ちょう》）、みりょくを感じた表現《げん》（事実）と自分の経《けい》験や作者の生き方などから考えた理由（理由）を「三角ロジック」で整理する。

②五〇〇字の原こう用紙に書く。

③友達と書いた作品を読み合い、感想を交流する。

④短作文の書き方をふり返る。

## （１）「三角ロジック」で整理しよう。

椋鳩十作品のみりょく

**事実**

物語のじょ述《じゅつ》（表現《げん》）から・・・

・情《じょう》景びょう写（色、様子を表す表現《げん》など）
・人物の行動、会話、表情《じょう》など
場面の様子や登場人物の人物像《ぞう》が感じ取れるような、効《こう》果的で、作者しか書けない、すぐれた表現《げん》を見つけてみましょう。

**主張《ちょう》**

この物語のみりょくは・・・

です。

【みりょくを伝える語らい】
・すがすがしさ　・やさしさ　・明るさ
・色あざやか　・型《かた》やぶり　・動物愛
・ごう快《かい》　・心安らぐ　・心にひびく
・心強い　心にせまる　など

**理由**

なぜなら（自分の経《けい》験や作者の生き方から）

からです。

## （２）原こう用紙（五〇〇字）に書いてみよう。

［6年・読むこと・単元「筆者の考えを読み取り、社会と生き方について話し合おう」］

# 34 自分の考えとの共通点や相違《い》点を見つけ、引用して書こう

「メディアと人間社会」「大切な人と深くつながるために」「プログラミングで未来を創る」（光村図書）

## ▼1 単元の特徴

本教材では、二つの教材から、筆者が読者にどのようにして自分の考えを伝えようとしているのかを読み取り、「これからの社会でどう生きていくか」というテーマで、自分の意見文を書く。自分の意見をまとめるには、筆者の考えを引用して示し、それに対する自分の考えをもつことが大切である。

## ▼2 単元のねらい

・文章を読んで理解したことに基づいて、自分の考えをまとめることができる。（思C(1)オ）
・文と文との接続の関係、文章の構成や展開について理解することができる。（知(1)カ）

## ▼3 単元の計画

1　初発の感想、学習計画設定。
2～4　文章を読んで筆者の論の展開や表現の工夫、主張をとらえる。
5・6　「これからの社会でどう生きていくか」というテーマで意見文を書き、互いの意見文を読み合う。

## ▼4 手引き・ワークについて

・手引きの特徴：自分の考え、理由、根拠を三角ロジックで整理する。
・ワークシートの特徴：話題提示・自分の考えと文章の引用・まとめ（自分の考え）という構成で書く。

意見文として「引用」の考えを書き表すことに重点を置いた手引きを作成した。そこで、三角ロジックを活用した手引きを作成した。これは、児童が筆者の意見と自分の経験を比べて考え、自分の意見がもてたのか整理するものである。また、ワークシートとして四〇〇字原稿用紙に、はじめ・中・終わりの構成を書き加えた上で児童に配布したい。（下図参照）

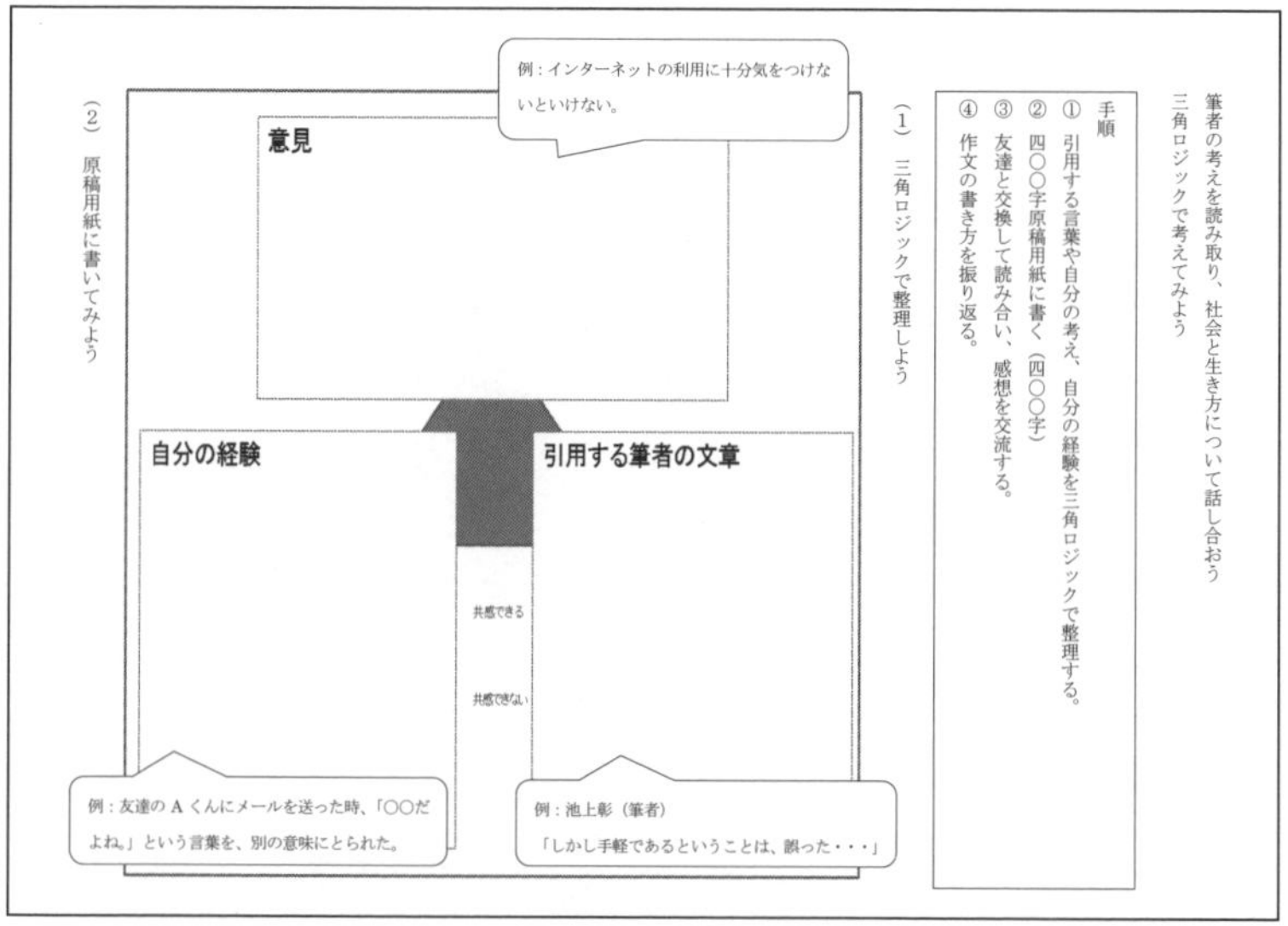

話題提示

これからの社会は、

文章の引用と自分の考え

私は、　　さんが述べている「

」とい

う点に共感する。なぜなら、

まとめ（主題）

今大切にしないといけないことは、

35

[6年・読むこと・単元「登場人物の関係をとらえ、人物の生き方について話し合おう」]

# 人物の生き方について、引用して自分の考えを書こう

「海の命」（光村図書）

## ▼1 単元の特徴

高学年では、登場人物の相互関係を捉える学習を繰り返し行っている。本教材では、中心となる人物と、彼を取り巻く複数の人物の関係を読み取る学習を行う。児童には本単元を通して、人物の生き方について考え、それに対する自分の考えを短作文にまとめて発表し合うことで自分の考えをさらに深めさせたい。

## ▼2 単元のねらい

・文章を読んで理解したことに基づいて、自分の考えを短作文にまとめることができる。（思C(1)オ）

・様子や行動、気持ちや性格を表す語句を文章の中で使い、語彙を豊かにすることができる。（第3学年及び第4学年知(1)オ）

## ▼3 単元の計画

1～4　学習計画設定、自分の感想と作品の表現や構造と結びつけながら読み進める。

5・6　「手引き・ワークシート」を使用し自分の考えを書き表したものを、他者と共有することで、感じ方等に違いがあることに気付く。

## ▼4 手引き・ワークシートについて

・手引きの特徴：太一の生き方・表現の引用の整理に使う。

・ワークシートの特徴：短作文は、太一の生き方について、本文を引用して、考えを交流する。

自分の考えを可視化させる「三角ロジック」を活用した手引きを作成した。これは、太一の生き方（主張）、どの表現（事実）からどのような生き方を考えたのか（理由）について整理するものである。また、ワークシートとして四〇〇字原稿用紙に、書き出し・文末・読み手を書き加えた上で児童に配布する。

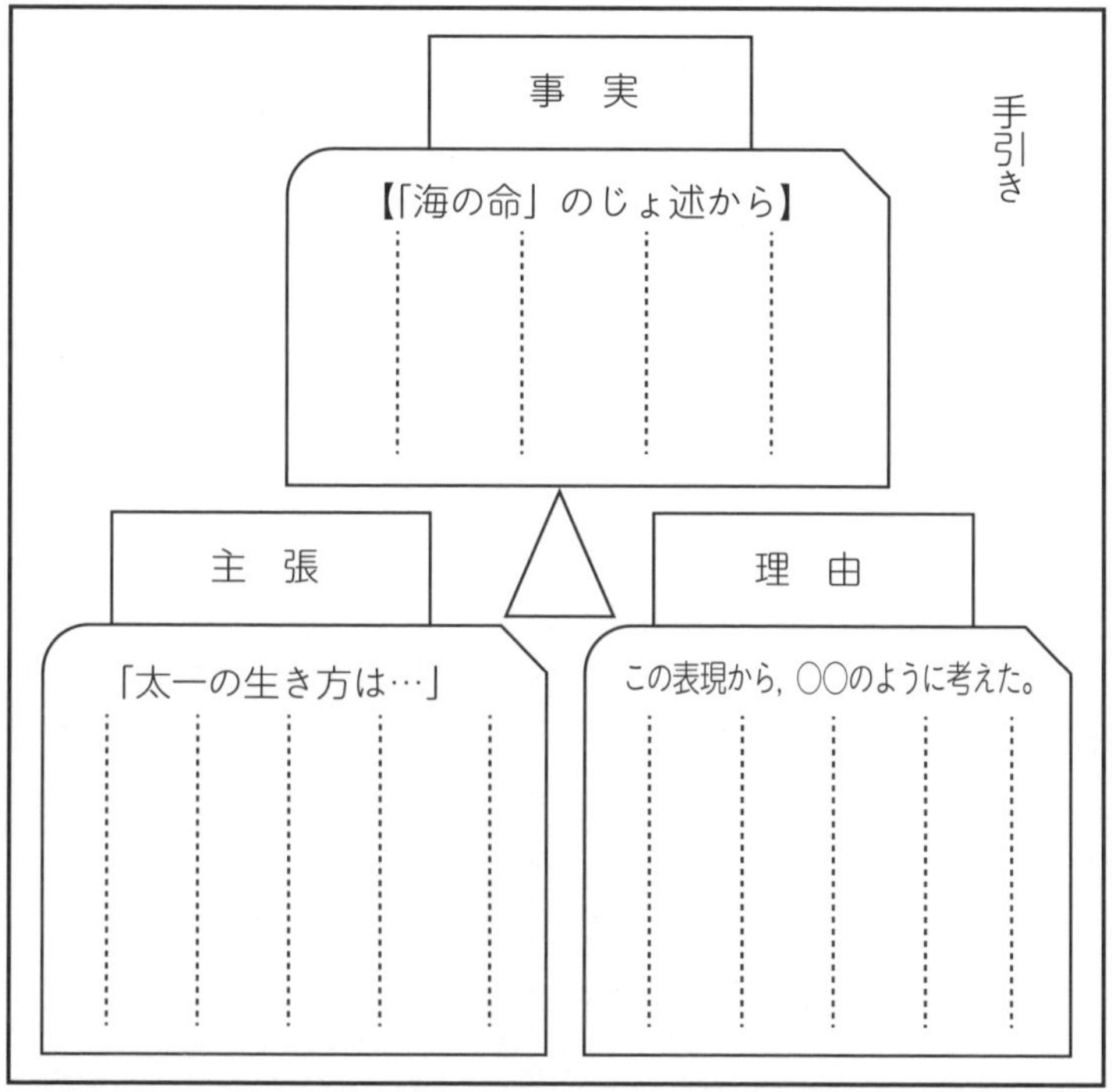

小六年

太一の生き方は、

だと思います。

太一の生き方で特に印象に残っているのは、

「

」という表現です。

この表現からわたしは、

だと感じました。

みなさん、わたしの考えはどうですか。

［6年・読むこと・単元「卒業するみなさんへ」］

# 36 今の気持ちをまとめよう 「今、あなたに考えてほしいこと」（光村図書）

## ▼1 単元の特徴

この単元は、序論では、生き物の事例を挙げつつ生き物の繋がりを想起させる。本論では、人間の生き方や環境への配慮について述べ、結論では、今後求められる人材や考え方について思いを馳せさせるような文章である。また、中学校入学を控え、不安と期待が入り交じる複雑な気持ちであると考えられるので、今後の自分に目を向けさせながら作文を書かせ、中学校生活につなげられるようにしたい。

## ▼2 単元のねらい

・文章を読んで理解したことに基づいて、自分の考えをまとめることができる。（思C(1)オ）

・文章を読んでまとめた意見や感想を共有し、自分の考えを広げることができる。（思C(1)カ）

## ▼3 単元の計画

1～3　学習計画設定、内容読み取り。

4・5　「手引き・ワークシート」を使用して、自分の考えを書き表したものを他者と共有することで、自分の考えを広げたり、深めたりする。

## ▼4 手引き・ワークシートについて

・手引きの特徴：自分の気持ちを順序立てて整理し、考えを記述する。

・ワークシートの特徴：中学校入学を控えた複雑な気持ちを順序立てて記述し、比喩を用いながら自分の考えをまとめる。その後、共有することで自分の考えを客観視し、再主張につなげる。また、ワークシートとして六〇〇字原稿用紙に、構成、接続語等を書き加えた上で、児童に配布したい。（下図参照）

はじめ

今の気持ち　六年

今の気持ちを一言で書くと、

それは例えると、

のような感じです。

なか①

なぜなら、

そして、

また、

それから、

なか②

でも、これからは、　さんが「

」と、　さんが「

」と言っていた

ように、

おわり

さん、今の気持ちが伝わったでし

ようか。励ましや感想をもらえるとうれしい

です。

20×20　20×20

今、あなたに考えてほしいこと

# 今の気持ちをまとめよう

名前

手順
①中学校生活に向けての自分の気持ちを書き出して整理し、友達と交流する。
②六〇〇字の原こう用紙に書く。
③友達と読み合い、感想を交流する。
④短作文の書き方をふり返る。

中学入学をひかえて今どんな気持ち？　気持ちを伝えたい相手：（　　　）さん

自分の気持ちをパーセンテージで表そう

＋　－

＋な理由
①
②
③

－な理由
①
②
③

今の気持ちは

な気持ちです。

例えると

のような気持ちです。

これを読んでどう思う？

さんより

さんより

さんより

さんが

と言っていたように，

# 37

［5年・読むこと・単元「物語の全体像をとらえ、考えたことを伝え合おう」］

# ペンタゴン・ロジックで自分の考えを書こう

「たずねびと」（光村図書）

## ▼1　単元の特徴

本教材の表現様式上の特徴として、「心情を表す言葉」「情景描写」「過去と現代の対比」が挙げられる。児童には、作品の魅力を感じながら全体像をとらえることで作品に対する自分の考えをまとめさせ、短作文による効果的な共有をさせていきたい。

## ▼2　単元のねらい

・人物像や物語などの全体像を具体的に想像したり、表現の効果を考えたりすることができる。（思C(1)エ）

・文章を読んでまとめた意見や感想を共有し、自分の考えを広げることができる。（思C(1)カ）

## ▼3　単元の計画

1～4　学習計画設定、中心人物の心情の変化を追いながら読み進める。

5・6　最後の挿絵での「綾」の心情を三行詩に書き表す。そして、「手引き・ワークシート」を使用し自分の考えを書き表したものを、他者と共有することで、感じ方に違いがあることに気付く。

## ▼4　手引き・ワークについて

・手引きの特徴：自分の考え・作品の引用・「ペンタゴン・ロジック」で整理し、考えを形成する。

・ワークシートの特徴：書き出し・接続語・読み手に留意して、記述・推敲・共有する。

この短作文では、児童が物語を読み、中心人物の心情の変化を読み取り、根拠となる叙述を引用しながら自分の考えを書き表すことに重点を置いている。そこで自分の考えを可視化させる「ペンタゴン・ロジック」を活用した手引きを作成した。これは、中心人物の最後の川の場面での心情をより分かりやすく説明するものである。（下図参照）

○○小　五年
私は、綾の最後の川の場面での心情は、
と考えたと思います。
なぜかというと、教科書の○○ページに「
」。
とあり、このことから、
だと考えたからです。
確かに、
という意見も考えられます。しかし、それに
ついては、
で説明できます。
したがって、私は、綾の最後の川の場面での
心情は、
と考えたと思います。

たずねびと

# ペンタゴン・ロジックで自分の考えを書こう

名前

手順

①絵の中に綾の思いを三行詩で表す。

②自分の考えや根きょとなる表現《げん》（事実）、質《しつ》問、質《しつ》問に対する説明をペンタゴン・ロジックで整理する。

③四〇〇字の原こう用紙に書いて、友達と交かんして読み合い、感想を交流する。

④短作文の書き方をふり返る。

（１）ペンタゴン・ロジックで整理しよう。

②事実

なぜかというと

綾の心情に他のとらえ方がないか友達に質問を考えてもらおう。

④質問

⑤説明

①主張（⑥再主張）

綾は

と考えていたと思います。

③理由

このことから

だと考えたからです。

（２）原こう用紙に書いてみよう。

38

［5年・話すこと・聞くこと・単元「たがいの立場を明確にして、話し合おう」］

# 友達の意見を取り入れて、ろん理的な主張《ちょう》をしよう

「よりよい学校生活のために」（光村図書）

## ▼1 単元の特徴

本教材の特徴として「自分の立場を明確にすること」「異なる立場の人に質問をすること」が挙げられる。児童には、異なる立場からの質問を生かすことで、より自分の考えが補強されることを考えさせたい。反論だけでなく引用もしながら、より論理的で効果的に他者に自分の考えを伝えることができるようにさせたい。

## ▼2 単元のねらい

・目的や意図に応じて、日常生活の中から話題を決め、集めた材料を分類したり関係付けたりして、伝え合う内容を検討することができる。（思A(1)ア）

・互いの立場や意図を明確にしながら話し合い、考えを広げたりまとめたりすることができる。（思A(1)オ）

## ▼3 単元の計画

1〜3　学習計画を設定し、議題についての意見、解決方法を考える。

4・5　「手引き・ワークシート」を活用し、質問や問題点を活用し意見をまとめる。

6　解決策を共有をし、学習をふり返る。

## ▼4 手引き・ワークシートについて

・手引きの特徴：自分の考えの明確化と、異なる立場の人から意見を引用することでより論理的に考えを形成する。

・ワークシートの特徴：書き出しや接続語、読み手に注意して記述・推敲・共有する。

この短作文では引用・反論することに重点を置く。主張に論理性を高めるため、友達の意見などを引用していけるようにペンタゴン・ロジックを活用している。友達から質問をもらうことで自身の意見の補強を協同的に学習していくものである。また、ワークシートとして四〇〇字原稿用紙に、書き出し・接続語を加えた上で児童に配布したい。

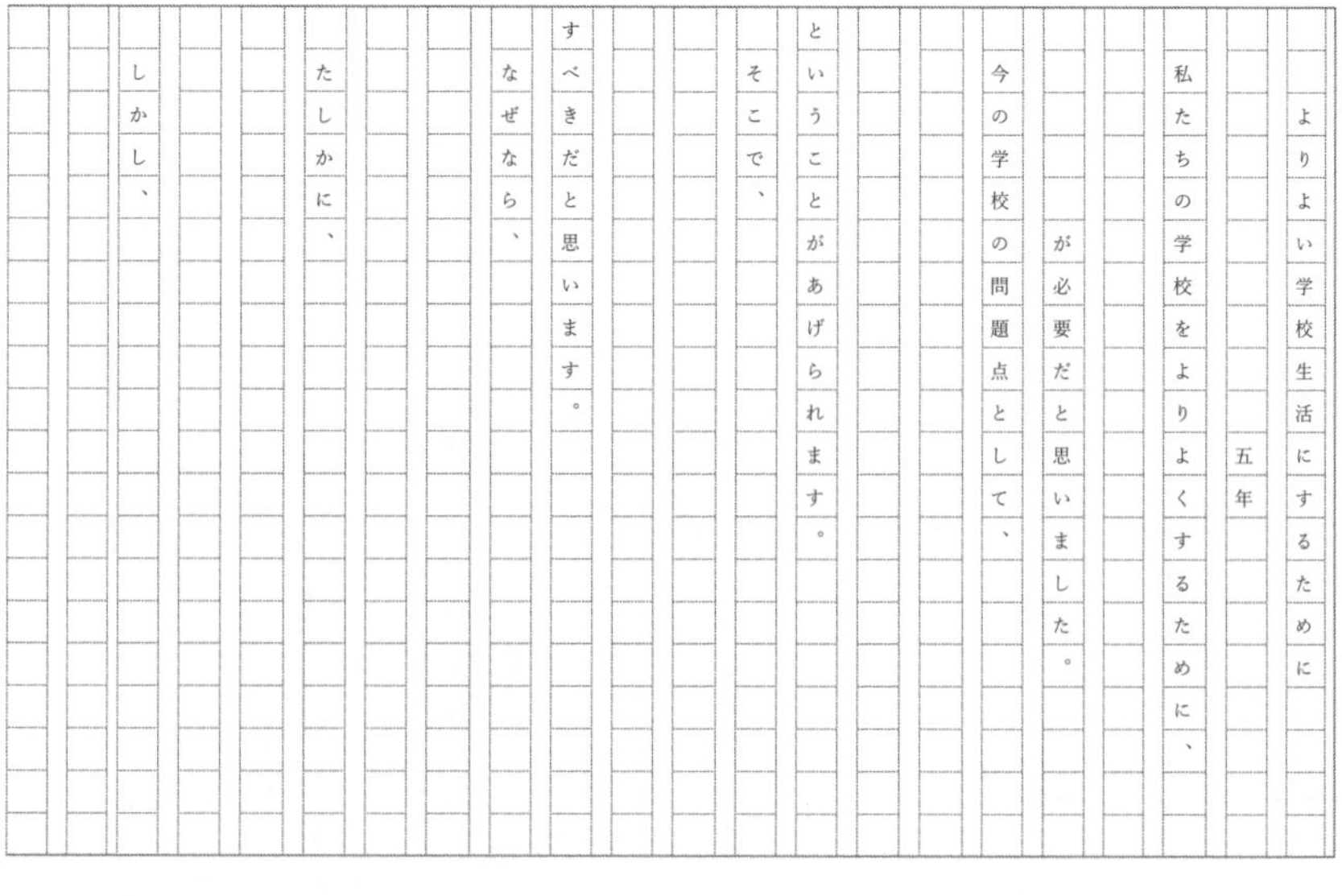

よりよい学校生活のために

# 友達の意見を取り入れて、ろん理的な主張《ちょう》をしよう

名前

手順

①学校の問題点や改ぜん点を友達と出し合い、問題に対する自分の立場（自分の考え）を書く。
②現状《じょう》の問題点と、問題点から考えられる解《かい》決方法を書く。
③なぜした方がいいのか理由を書く。
④他の立場の人から質《しつ》問をもらう。（付せんを交かんし合う）
⑤質《しつ》問内容《よう》をもとに、その解《かい》決策《さく》を考える。
・問題点と自分の立場（○○すればよいのではないか、□□が必要だ）

39

〔6年・書くこと・単元「表現の工夫をとらえて読み、それをいかして書こう」〕

# 相手に合わせて必要な情報を引用しよう

「『鳥獣戯画』を読む」「日本文化を発信しよう」（光村図書）

## ▼1　単元の特徴

本教材は、「『鳥獣戯画』を読む」を通して学んだ表現の工夫を生かして、日本文化を紹介するパンフレットを作成するものである。本やサイトで調べた日本文化の情報を引用し、感想や意見、事実の区別に気を付けながら、読者を引きつける文の書き方を身に付けさせたい。

## ▼2　単元のねらい

・引用したり、図表やグラフなどを用いたりして、事実と感想、意見とを区別しながら、自分の考えが伝わるように書き出し方を工夫することができる。（思B(1)ウエ）

・言葉の使い方に対する感覚を意識して語や語句を使い、相手意識をもって適切な語句を使えるよう、語彙を豊かにすることができる。（知(1)オ）

## ▼3　単元の計画

1～4　学習計画設定、「『鳥獣戯画』を読む」から筆者の表現の工夫を見つける。

5・6　著作権を理解し、本やサイトから日本文化に関する情報や表現の工夫を見つける。

7～11　「〇〇さんに伝えたい！」で情報を整理し、原稿用紙に記事を書く。その後、グループで推敲し、パンフレットを作成、完成後、読んだ感想を伝え合う。

## ▼4　手引き・ワークについて

・手引きの特徴：事実と感想、意見を区別して整理する。

・ワークシートの特徴：読み手・引用・表現の工夫に留意して、記述し、推敲・共有する。

事実と自分の意見や感想とを区別し、表現の工夫を取り入れることに重点を置いて、記事を書いていく。そこで、情報を書き出す「〇〇さんに伝えたい！」という手引きを作成した。これは、相手意識をもって情報を集め、情報と感想や意見を区別して整理するものである。集めた情報②に、自分の伝えたい日本文化と似ているものの情報を書き、比較することで、そのよさを際立たせることもできる。

手引きをもとに、見出しと二つ程度小見出し・記事を書く。

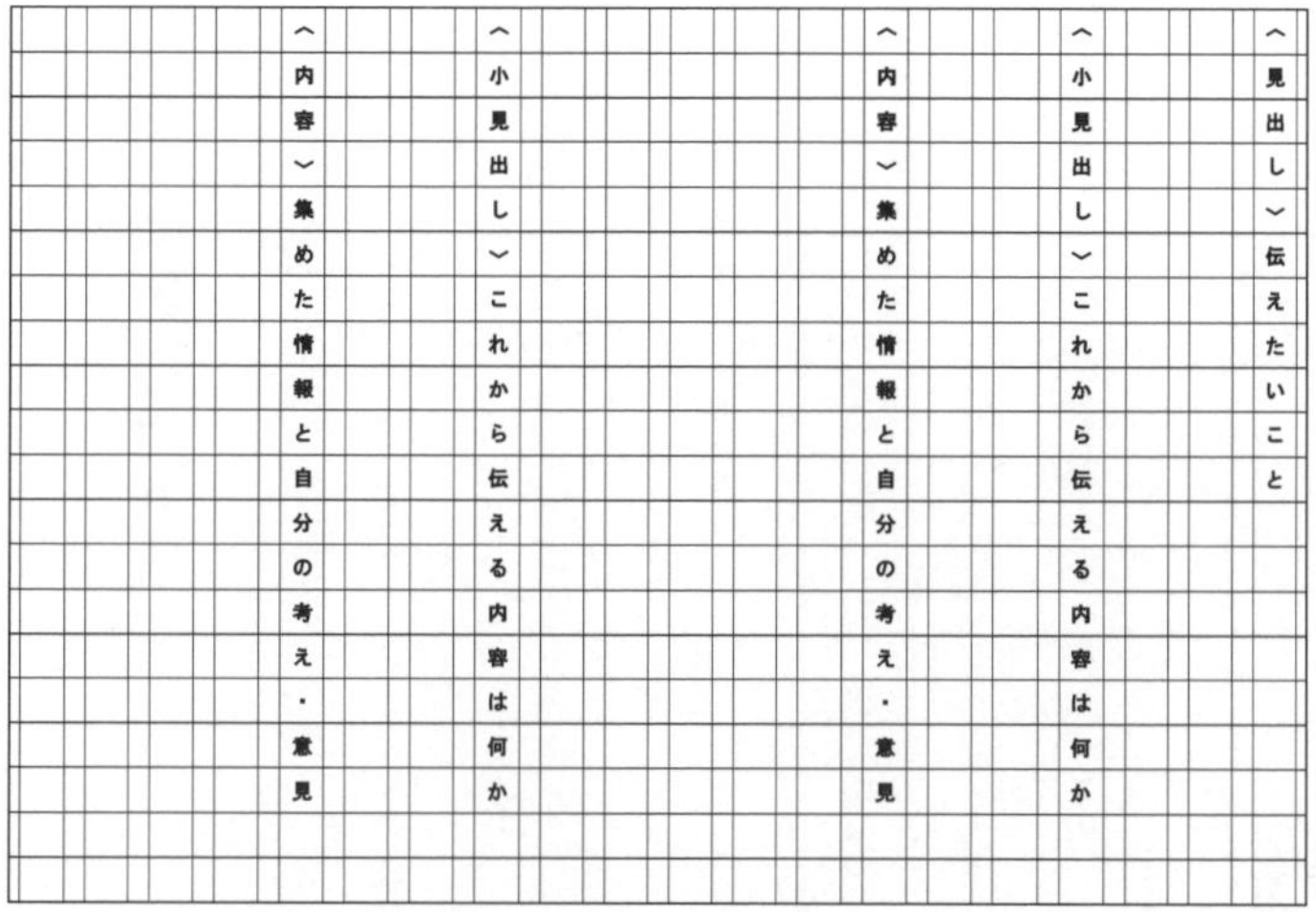


20 × 20

# 相手に合わせて必要な情報を引用しよう

名前

手順

①日本文化を伝えたい相手を決めて、手引きに情報と自分の感想や意見を整理する。
②四〇〇字の原こう用紙に書く。（手引きの伝えたいことを見出しに書く）
③グループで表現の工夫を確かめて、パンフレットを作る。
④グループごとにパンフレットを交かんして読み合い、感想を伝え合う。
⑤学習のふり返りをする。

**（1）「○○さんに伝えたい！」で集めた情報と自分の感想や意見を整理しよう。**

さんに伝えたい！

（　　　）について

【集めた情報①】

☆出典（読んだ本・サイト）

【意見・感想】

【集めた情報②】

☆出典（読んだ本・サイト）

【意見・感想】

【伝えたいこと】

さんへ！

**（2）原こう用紙に書こう。**

40

# 自分が伝えたいことに合う言葉を選び、引用して書こう

〔6年・書くこと・単元「書き表し方を工夫して、経験と考えを伝えよう」〕

「大切にしたい言葉」（光村図書）

## ▼1 単元の特徴

本教材では、自分がこれまでに出合った言葉から「座右の銘」を考え、それに結びつく経験について思い出し、文章を書く。自分の経験と考えを伝える分かりやすい文章を書くには、その結びつきを考えながら言葉を選ぶことが大切である。そのために、はじめ・中・終わりに、それぞれ何を書くか構成メモにまとめていく。

## ▼2 単元のねらい

・目的や意図に応じて簡単に書いたり詳しく書いたりするとともに、事実と感想、意見とを区別して書いたりするなど、自分の考えが伝わるように書き表し方を工夫することができる。（思B(1)ウ）

・語感や言葉の使い方に対する感覚を意識して、語や語句を使うことができる。（知(1)オ）

## ▼3 単元の計画

1・2 学習計画設定、「座右の銘」にしたい言葉を調べる。

3・4 文章構成を考え、構成メモを作成し、下書きする。

5・6 下書きを読み合って推敲し、完成した文章を互いに読み合う。

## ▼4 手引き・ワークについて

・手引きの特徴：座右の銘、意見、経験を区別して整理する。

・ワークシートの特徴：引用・表現の工夫に留意して記述し、推敲・共有する。

座右の銘にする言葉と意見、経験を区別して構成を考えることに重点を置く。そこで、自己の経験と意見、そして座右の銘を可視化させる三角ロジックを活用した手引きを作成した。これは、児童がなぜその言葉を座右の銘に選んだのか、その言葉に纏わる自分の経験と意見を整理するものである。また、ワークシートとして四〇〇字原稿用紙に、記号・接続語を書き加えた上で児童に配布したい。（下ページ参照）

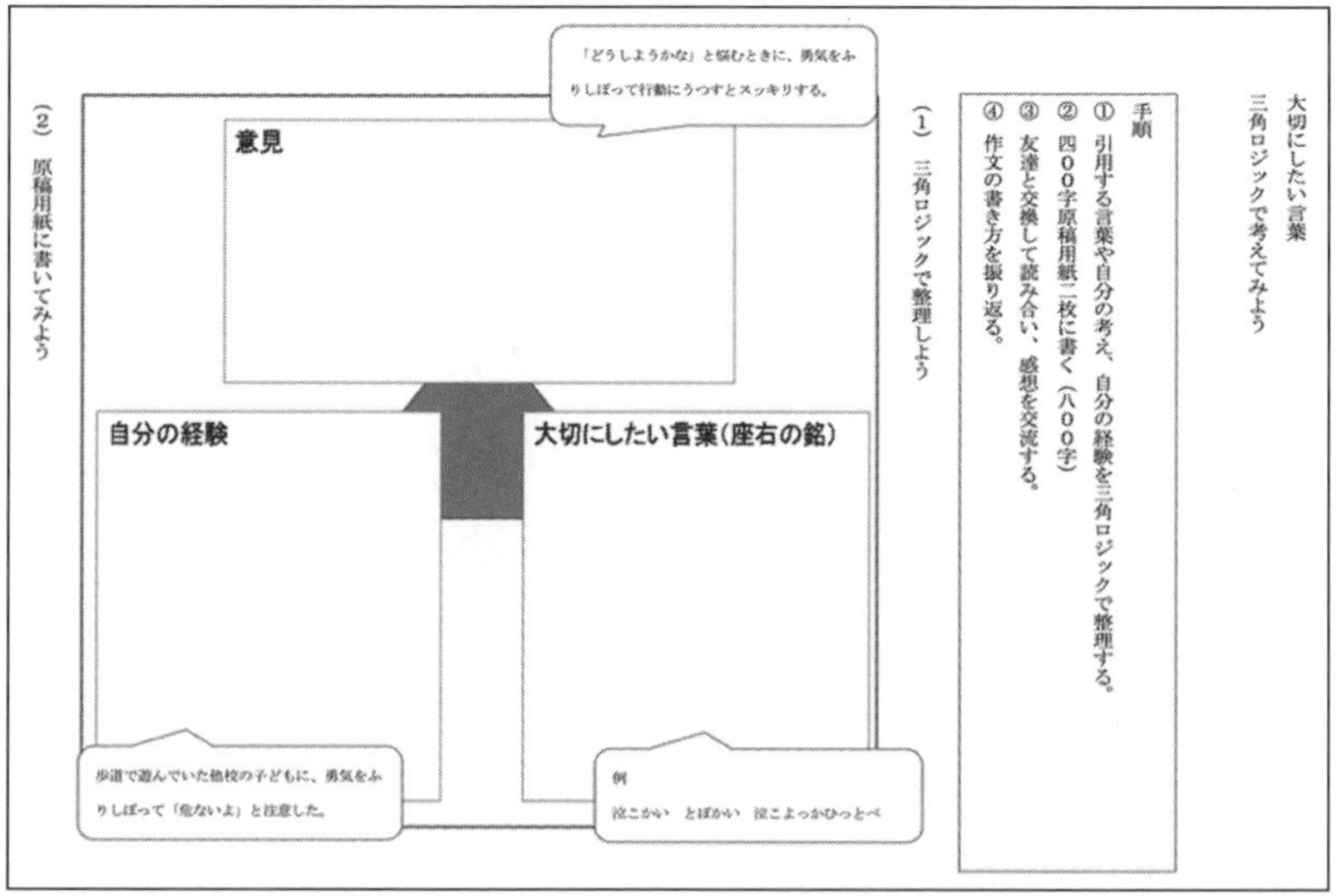

題名

名前

「　」

座《ざ》右の銘《めい》とその意味

これは、

座《ざ》右の銘《めい》にちなんだ自分の体験

わたしがこの言葉を座《ざ》右の銘《めい》として選んだのは、

41

［5年・読むこと・書くこと・単元「資料を用いた文章の効果を考え、それをいかして書こう」］

# ペンタゴン・ロジックで書いてみよう

「固有種が教えてくれること」「グラフや表を用いて書こう」（光村図書）

## ▼1 単元の特徴

本教材の表現様式上の特徴として「統計資料の引用」「事実と意見の書き分け」「資料と文章の対応」が挙げられる。

## ▼2 単元のねらい

・図表やグラフ等の統計資料を引用しながら、自分の考えが伝わるように書き表し方や論の進め方を工夫して書き、共有することで、説得力のある意見文の書き方について考えることができる。（思B(1)エオカ）

・情報と情報との関係付けの仕方、語句と語句との関係の表し方を理解し、語彙を豊かにすることができる。（知(1)オ(2)イ）

## ▼3 単元の計画

1～9　学習計画設定、資料を用いた文章の効果を考えながら読む。

10・11　「手引き・ワーク」を使用し、自分の考えを書き表したものを友達と共有することで、感じ方等に違いがあることに気付く。

## ▼4 手引き・ワークについて

・手引きの特徴：自分の考えをペンタゴン・ロジックで整理し考えを可視化する。

・ワークシートの特徴：この短作文は、児童の引用した資料（事実）と、そこから考えられる根拠（理由）、テーマに関する自分の考え（主張）を書き表すことに重点を置いている。そこで「ペンタゴン・ロジック」を活用し、自分の考えと事実、理由を整理し、友達からの反論に自分の説明（意見）を付け加えることで、説得力のある意見文にまとめるものである。

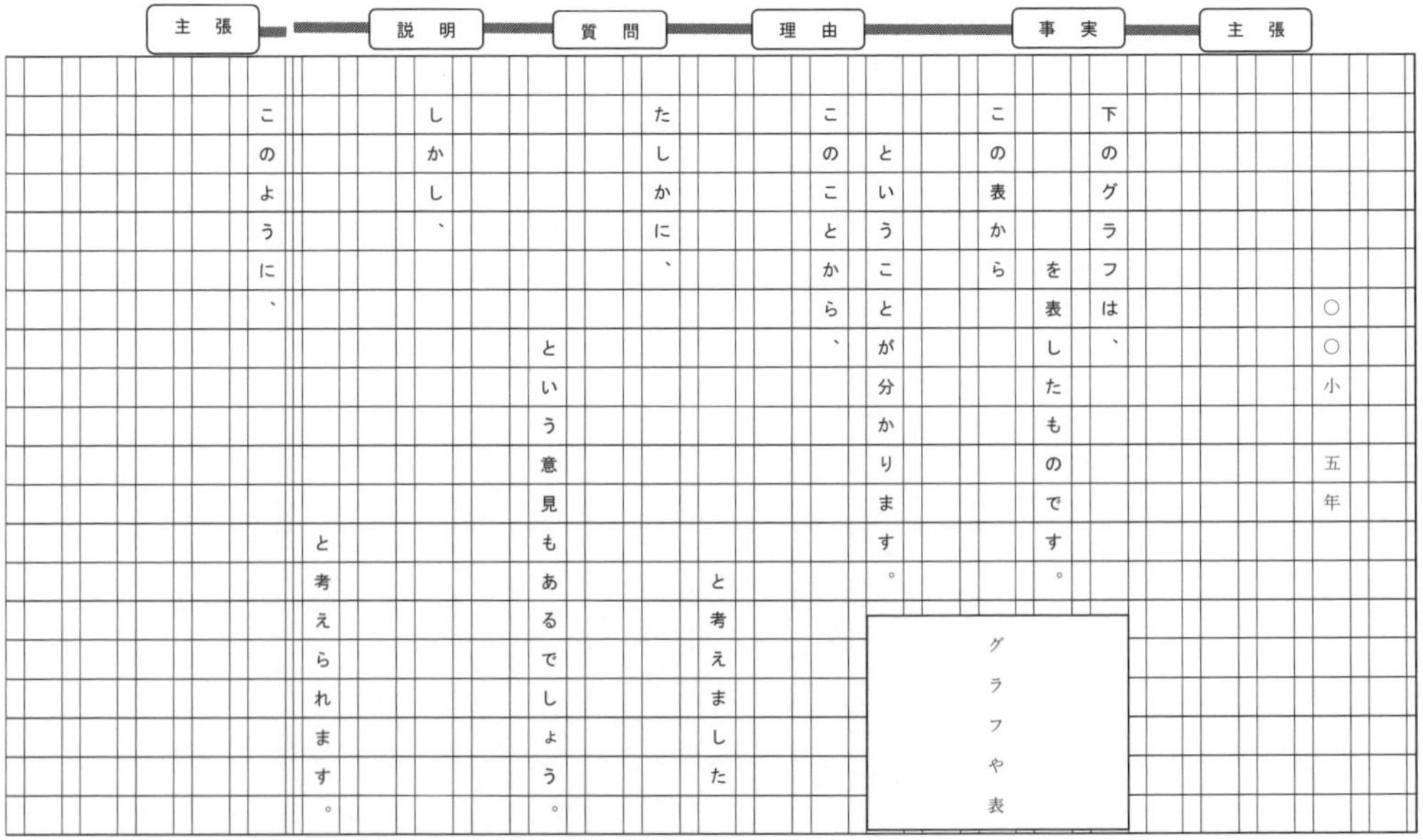

固有種が教えてくれること・グラフや表を用いて書こう

# ペンタゴン・ロジックで書いてみよう

名前

手順

①自分の考えや資《し》料から考えた理由、質《しつ》問や説明などをペンタゴン・ロジックで整理する。

②五〇〇字の原こう用紙に書く。

③友達と書いた作品を読み合い、感想を交流する。

④短作文の書き方をふり返る。

## （１）ペンタゴン・ロジックで整理しよう。

【テーマ】

あなたの一番伝えたいこと、【主張《ちょう》】は何ですか。

主張

一番伝えたいことに説得《とく》力をもたせるような、資《し》料やデータを二つから三つ書き、そこから分かったことや考えたことを書きましょう。

事実　理由

資《し》料一【　　】

資料二【　　】

資料三【　　】

このことから、

〜だと分かる・思う。

友達から、あなたの意見についての質《しつ》問をしてもらい、より説得《とく》力のある資《し》料を用いて説明をしましょう。

質問

たしかに、（　　）という意見もあるだろう。

説明

しかし資《し》料四【　　】から、

（　　）ということが言える。

## （２）原こう用紙（五〇〇字）に書いてみよう。

主張《ちょう》・事実・理由・質《しつ》問・説明をつないで書くことで、説得《とく》力のある文章を書くことができますよ。

［5年・書くこと・単元「読み手が納得する意見文を書こう」］

# 42 ペンタゴン・ロジックで反ろんを予想しよう

「あなたは、どう考える」（光村図書）

## ▼1 単元の特徴

本教材の特徴として、理由と根拠を示すこと、他の立場から主張も見直すことで、相手を説得するような意見文を書くことが挙げられる。

## ▼2 単元のねらい

・目的や意図に応じて、感じたことや考えたことなどから書くことを選び、集めた材料を分類したり関係付けたりして、伝えたいことを明確にすることができる。（思B(1)ア）

・目的や意図に応じて、事実と感想、意見とを区別して書くなど、自分の考えが伝わるように書き表し方を工夫することができる。（思B(1)ウ）

## ▼3 単元の計画

1・2　学習計画設定、作例から書き表し方の工夫を見つける。

3～6　「手引き・ワークシート」を使用し自分の考えを書き表したものを、他者と共有し、考えを広げたり、深めたりする。

## ▼4 手引き・ワークについて

・手引きの特徴：反論を予想させる・「ペンタゴン・ロジック」で整理し、考えを形成する。

・ワークシートの特徴：実際にあったこと（具体例・引用）と、自分の考えを区別し、異なる立場からの反論を想定し、それに対する考えを入れて書く。

この短作文では、説得力のある意見文を書くことに重点を置いている。そこで、自分の考えを整理できるペンタゴン・ロジックを活用した手引きを作成した。これは、事実と感想、自分の考え、予想される反論とそれに対する自分の考えを整理するものである。また、五〇〇字程度の原稿用紙に、書き出し・接続語を書き加えた上で児童に配布したい。

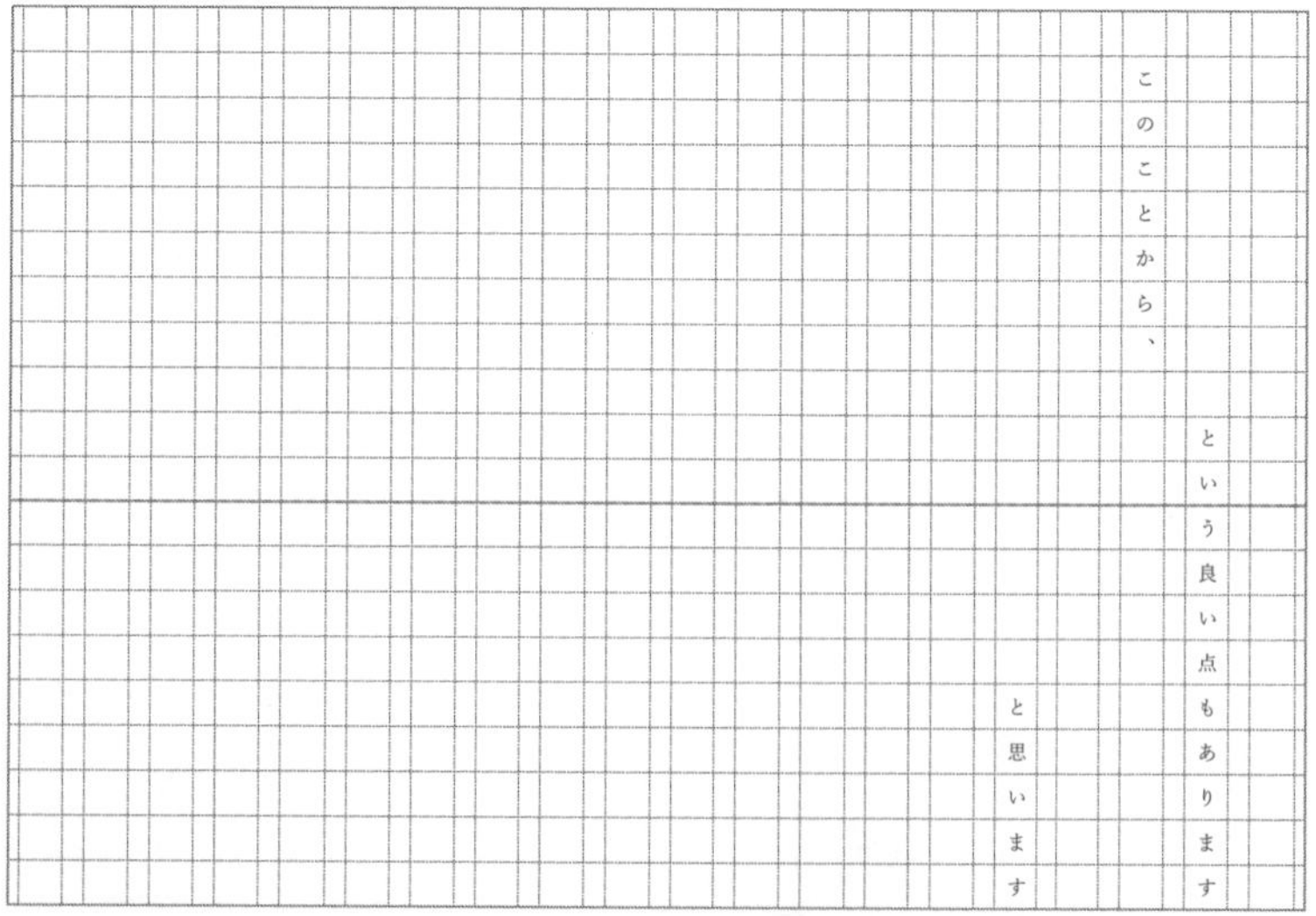


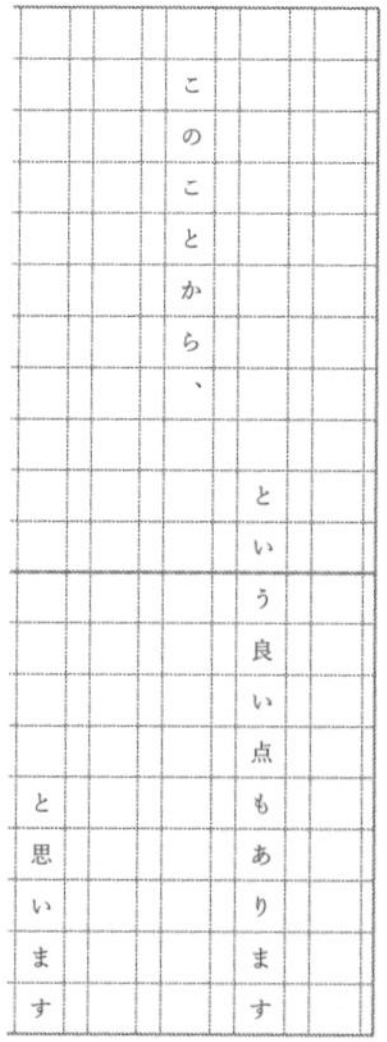

あなたは、どう考える

# ペンタゴン・ロジックで反ろんを予想しよう

名前

手順

①自分の考えや、調べたことなどを書き、ペンタゴン・ロジックで反ろんを予想する。
②五〇〇字程《てい》度で原こう用紙に書く。
③友達と交かんして読み合い、感想を交流する。
④意見文の書き方をふり返る。

**（1）ペンタゴンロジックで整理しよう。**

**（2）原こう用紙に書いてみよう。**

43

[6年・読むこと・単元「筆者の主張や意図をとらえ、自分の考えを発表しよう」]

# ペンタゴン・ロジックで考えを深めよう

## 「時計の時間と心の時間」（光村図書）

### ▼1 単元の特徴

本教材は、表現構成上の特徴として、叙述と資料のかかわりが挙げられる。児童には、教材文と自分の経験や知識を関係付けて、筆者の考えに対する考えを、他者からの質問を意識した短作文にまとめ効果的な共有をさせていきたい。

### ▼2 単元のねらい

・原因と結果など情報と情報との関係について理解することができる。（知(2)ア）

・文章を読んで理解したことに基づいて、自分の考えをまとめることができる。（思C(1)オ）

### ▼3 単元の計画

1〜5　学習計画設定、筆者の考えと自分の経験や知識と結びつけながら読み進める。

6・7　「手引き・ワークシート」を使用し他者からの質問を意識し自分の考えを書き表したものを、他者と共有することで、自分の考えをさらに深める。

### ▼4 手引き・ワークについて

・手引きの特徴：自己の知識・経験・叙述の引用・ペンタゴン・ロジックで整理し、考えを形成する。

・ワークシートの特徴：書き出し・接続語・読み手に留意して、記述・推敲・共有する。

この短作文では、児童の経験や知識をもとにして筆者の考えと自分の考えを比較し書き表すことに重点を置いている。そこで、ペンタゴン・ロジック（注2）を活用し、児童の主張は何か、それを支える事実や理由、周囲からの質問やそれに対する説明を整理する。また、ワークシートとして六〇〇字原稿用紙に、書き出し、接続語等を書き加えて児童に配布したい。（下図参照）

（注2）原田義則「論理的思考力を育成する小学校国語科授業の設計：小学校5年生の実態調査から」鹿児島大学教育学部教育実践研究紀要第二十八巻、二〇一九

○○小　六年

筆者の「心の時間に目を向ける」という主
張に共感しました。
これまでに、

という経験をしました。このとき、

と感じました。
このことに対して、

という意見もあるかもしれません。
しかし、これまでの

という経験から、

ということを感じました。
このように、これまでの経験から、筆者の
主張に対して、

と考え、共感できると考えました。

# ペンタゴン・ロジックで考えを深めよう

名前

手順
①自分の知識や経験と、筆者の主張を比かくし、ペンタゴン・ロジックで整理する。
②六〇〇字の原こう用紙に書く。
③友達と交かんして読み合い、質問や意見を交流する。
④短作文の書き方をふり返る。

（1）ペンタゴン・ロジックで考えを深めよう。

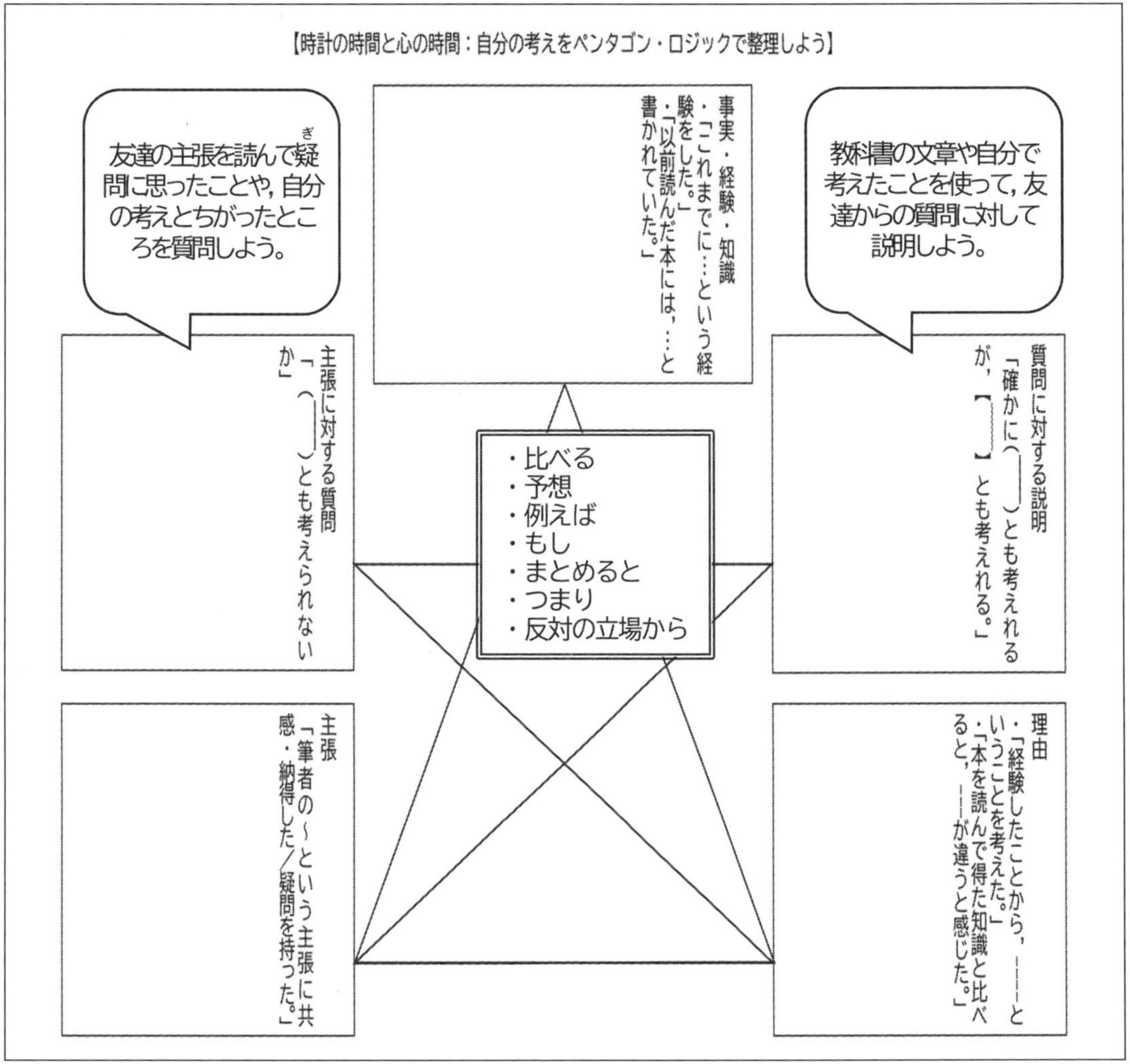


（2）原こう用紙に書いてみよう。

[6年・書くこと・単元「具体的な事実や考えをもとに、提案する文章を書こう」]

変容　引用　反論

# 44 ペンタゴン・ロジックで構成を可視《し》化しよう

「私たちにできること」（光村図書）

## ▼1 単元の特徴

本教材では、身の回りにある問題を取り上げ、それに対する解決方法を提案する文章を書く。分かりやすく説得力のある文章にするためには、記述前に構成をよく検討する必要がある。よりよい文章に練り上げていく活動を通して、児童には、筋道の通った文章となるように、文章全体の構成や展開について考えさせ、短作文による効果的な共有をさせていきたい。

## ▼2 単元のねらい

・目的や意図に応じて、感じたことや考えたことなどから書くことを選び、集めた材料を分類したり関係付けたりして、伝えたいことを明確にすることができる。（思B(1)ア）

・文章の構成や展開、文章の種類とその特徴について理解することができる。（知(1)カ）

## ▼3 単元の計画

1・2　学習計画設定、提案する文章の特徴を確かめる。テーマを決める。

3〜5　提案のための資料収集、現状や問題点・解決方法の具体的イメージを明確にする。

6〜8　手引き・ワークシートを使用し自分の考えを書き表したものを、他者と共有することで、構成や展開を考える。

9・10　提案書を読み合い、感想を交流してよさを共有する。

## ▼4 手引き・ワークについて

・手引きの特徴：収集した資料の引用・「ペンタゴン・ロジック」で整理し、文章を構成する。

・ワークシートの特徴：書き出し・接続語・読み手に留意して、記述・推敲・共有する。

この短作文では、「引用」「反論」の考えを書き表すことに重点を置いている。そこで、ペンタゴン・ロジックを活用した手引きを作成した。また、ワークシートとして下図の原稿用紙を使用させたい。

○○小　六年三組　作　文太
私は図書室の本を読んで、
について考えた。その原因とし
ては、
ことが分かった。そこで私は、

と考えた。
を注意して見てみると、

いることがある。

ことも考えられる。
そこで、
ために、　　　　　　ことを
提案する。具体的には、次のような内容をけ
いじすることを考えている。
・
・
・

20×20

中には「

」と考える人もいるかもしれない。
けれど、

と私は考える。
このことは

と考える。

20×20

私たちにできること

# ペンタゴン・ロジックで構成を可視《し》化しよう

名前

手順
①自分の考えや、引用する言葉などを、ペンタゴン・ロジックで整理する。
②六〇〇字の原こう用紙に書く。
③友達と交かんして読み合い、感想を交流する。
④短作文の書き方をふり返る。

## （1）ペンタゴン・ロジックで整理しよう。

【私たちにできること　ペンタゴン・ロジックで構成を可視《し》化しよう】

①一番伝えたい、言いたいことは？【主張】

～すべきだと考える。～しなければならない。

②実際に起こっていることは？【事実】

～では○○になっている。～から△△がわかる。

③主張と事実をつなげる自分の考えは？【理由】

～だからだ。～だと思う。

④友達に、自分の考えに質問してもらおう【質問】

たしかに、～という考えもあるかもしれない。

⑤質問に対しての答えを考えよう【説明】

しかし、～だと考える。～だからこそ、するべきだ。

## （2）原こう用紙に書いてみよう。

45

［6年・読むこと・単元「登場人物の関係をとらえ、人物の生き方について話し合おう」］

# 友達と交流しながら書いてみよう

「海の命」（光村図書）

## ▼1 単元の特徴

本教材の表現様式上の特徴として、「比喩」「情景描写」の言葉や表現が挙げられる。児童には、自分の感想や考えが作品のどの場面や叙述と結び付いているかを考えさせ、短作文による効果的な共有をさせていきたい。

## ▼2 単元のねらい

・文章を読んでまとめた意見や感想を共有し、自分の考えを広げることができる（思C(1)カ）

・語句と語句との関係、語感や言葉の使い方に対する感覚を意識して、語や語句を使うことができる。（知(1)オ）

## ▼3 単元の計画

1～4　学習計画設定、登場人物の関係や表現の効果から考えを形成して読み進める。

5・6　「手引き・ワークシート」を使用し自分の考えを書き表したものを、他者と共有することで、さらに考えを広げる。

## ▼4 手引き・ワークについて

・手引きの特徴：自己の考えを共有の過程で整理し、考えを形成する。

・ワークシートの特徴：書き出し・接続語・読み手に留意して、記述・推敲・共有する。

この短作文では、物語中の人物像や表現の効果を基にした考えを書き表し他者と共有することに重点を置く。そこで、自己の考えや他者との共有を可視化させる手引きを作成した。また、ワークシートとして原稿用紙に、書き出し・接続語を書き加えて配布したい。（下図参照）

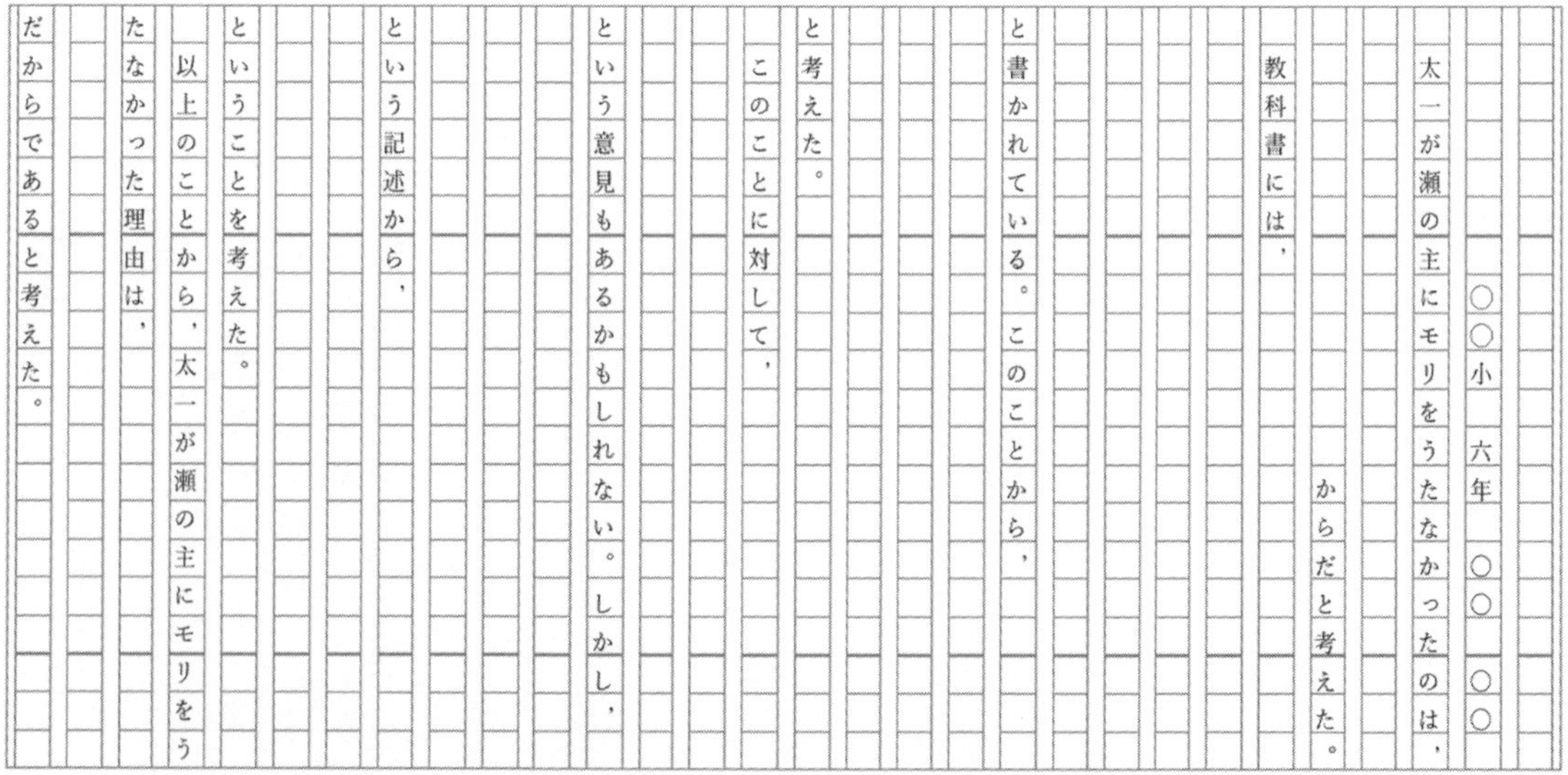

海の命

# 友達と交流しながら書いてみよう

名前

手順
①自分の考えや作品から引用する言葉などを、ペンタゴン・ロジックで整理する。
②六〇〇字の原こう用紙に書く。
③友達と交かんして読み合い、質問や感想を交流する。
④短作文の書き方をふり返る。

## （1）自分の考えを整理しよう。

理由
・「太一の言葉から、~~ということが読み取れる。」
・「教科書に書かれていたことから、~~ということが分かる。」

質問に対する説明
・「確かに（　　）とも考えられるが、前後の内容をふまえると・・・と考えられる。」

教科書の記述
・「太一は・・・と言っている。」
・「教科書に・・・と書かれていた。」

主張に対する質問
・「教科書からは、（　　）とも読み取れるのではないか。」

主張
・「太一が瀬の主をうたなかったのは、~だと考える。」

## （2）原こう用紙に書いてみよう。

## 執筆者・執筆協力者一覧（執筆順）

原田義則（鹿児島大学）
江並成就郎（鹿児島市立東谷山小学校）
赤星郁衣（出水市立米ノ津小学校）
原之園翔吾（鹿児島大学教育学部附属小学校）
笠真利子（喜界町立喜界小学校）
荒崎奏子（長島町立平尾小学校）
姫木春奈（始良市立松原なぎさ小学校）
下西ノ園美加（薩摩川内市立東郷学園義務教育学校）
小林由香（曽於市立財部小学校）
中迫千織（鹿児島市立星峯西小学校）
鑪　謙治（南さつま市立田布施小学校）
楠生久美（鹿児島市立星峯西小学校）
濵弓場一誠（南さつま市立坊津学園）
西平珠里那（南九州市立松山小学校）
辻　美咲（鹿児島大学教育学部附属小学校）
柳野理枝（始良市立始良小学校）
古園正樹（鹿児島大学教育学部附属小学校）
中川　歩（品川区立鈴ヶ森小学校）

野頭憂也（西之表市立現和小学校）
永吉大貴（鹿屋市立寿小学校）
草野真衣（鹿児島県立出水養護学校）
作井由希乃（鹿屋市立笠之原小学校）
野間なつき（奄美市立小宿小学校）
下戸勇介（東串良町立池之原小学校）
安藤　翔（南さつま市立阿多小学校）
大川大輝（鹿屋市立鹿屋東中学校）
阿瀬知巧（大崎町立大崎小学校）
加納愛梨（大崎町立大丸小学校）
祝　淳司（鹿屋市立笠野原小学校）
川路　剛（曽於市立笠木小学校）

鬼塚秀樹（南種子町立花峰小学校）
柳野竜生（曽於市立中谷小学校）
長濱なつみ（霧島市立竹子小学校）

**【編著者紹介】**

原田　義則（はらだ　よしのり）

鹿児島大学法文教育学域教育学系教育学部学校教育教員養成課程（国語教育）准教授。また，鹿児島大学法文教育学域教育学系教育学研究科学校教育実践高度化専攻（教職大学院）も兼務。

**【著者紹介】**

鹿児島国語教育研究会　原国会

「子供の国語力を育む授業づくり」という“原点”を，学び合う目的で組織された研究会。毎月の定例会では，原田義則先生の助言を受けつつ，小・中学校の若手教師やベテラン教師，管理職，指導主事など，様々な立場の国語教師が熱く語り合っている。

［表紙デザイン］大木陽子

クラス全員が必ず書けるようになる！

新しい短作文指導のモデルプラン

—変容・引用・反論の三つの原理だけでできる作文指導—

2022年７月初版第１刷刊　©編著者　原　田　義　則

著　者　鹿児島国語教育研究会　原国会

発行者　藤　原　光　政

発行所　明治図書出版株式会社

http://www.meijitosho.co.jp

（企画）林　知里（校正）西浦実夏

〒114-0023　東京都北区滝野川7-46-1

振替00160-5-151318　電話03(5907)6703

ご注文窓口　電話03(5907)6668

＊検印省略　組版所　株式会社アイデスク



Printed in Japan　ISBN978-4-18-194214-4